Spielend FRANZÖSISCH mit WALT DISNEY

Abenteuer, Spaß und Spiel mit 999 Wörtern

SCHERZ / HARRAP

KONZEPT UND GESTALTUNG
BOOKMAKER

HERAUSGEGEBEN VON
Marie Garagnoux • Patrick Michel-Dansac
IN ZUSAMMENARBEIT MIT
Françoise Avril

REDAKTION
Bookmaker

ÜBERSETZUNG
Dominique Bluher

FARBGESTALTUNG
Jean-Pierre Sachse

LAYOUT
Entwurf:
Claudine Roy
Ausführung:
Michèle Andrault • Monique Michel-Dansac

WEITERE MITARBEITER
Sylvie Decaux • Béatrice Leroy • Christine Ehm •
Régine Ferrandis • Mathilde Kemula • Andrea Reule •
Catherine Chevalot • Emile Morteyrol •

HERSTELLUNG
Véronique Celton

SATZ UND REPRO
Charente Photogravure

1. Auflage der deutschsprachigen
Ausgabe 1992
SCHERZ VERLAG, Bern und München,
in Zusammenarbeit mit
HARRAP BOOKS Ltd, Chelsea House,
26 Market Square, Bromley, Kent BR1 1NA, UK
ISBN 3-502-12156-7

Anmerkung für den Leser

Micky, Donald und ihre Freunde nehmen große und kleine Leser mit auf eine Entdeckungsreise ins Französische. Wer ihre Abenteuer durch das ganze Buch verfolgt, den führen sie in die Umgangssprache ein.

Auf jeder Seite ist jeweils eines der Bilder des Comic strips vergrößert; die wichtigsten Vokabeln sind um dieses große Bild gruppiert.

Doch bevor man den Spuren der lustigen Disney-Gesellen folgt, sollte man aufmerksam die Gebrauchsanweisung auf Seite 5 lesen.

Das Vorwort auf Seite 4 ist vor allem an Eltern und Lehrer gerichtet.

Vorwort

Spielend Französisch mit Walt Disney ist ein Wörterbuch für Kinder von 8-13 Jahren, richtet sich sowohl an Anfänger als auch an Fortgeschrittene, aber auch an Erwachsene, die sich erstmals an eine Fremdsprache heranwagen. Das Buch enthält 999 Wörter aller Kategorien, also Substantive, Verben, Adjektive, Adverbien etc.

Zwei Zielsetzungen bestimmten die Gestaltung jeder Seite: der Erwerb eines Grundwortschatzes und die Entdeckung der gesprochenen Sprache. Jede Seite zeigt eine große Abbildung, bei der die zu lernenden Wörter angegeben sind, und einen Comic strip mit Sprechblasen, deren Dialoge gebräuchliche Redewendungen enthalten.

Das Buch soll dem Benutzer praktische Hilfe und Anleitung bieten:

• Die Zusammenstellung in Wortfeldern stellt jeden Begriff in einen präzisen sprachlichen und bildlichen Kontext. Jedes Wort bekommt einen Sinn in Zusammenhang mit den ihm zugeordneten Begriffen.
• Im Anhang werden unverzichtbare Grundkenntnisse wiederholt (Konjugation, Zahlen, Tage, Monate etc.).
• Am Ende des Buches bilden 2 zweisprachige Verzeichnisse ein komplettes Wörterbuch mit allen Begriffen, die im Buch vorkommen. Der Leser findet dort auch die Aussprachehilfe, ausgehend von der internationalen Lautschrift.

Dieses Buch soll vor allem eine ungezwungene Einführung in die französische Sprache bieten, wozu die unvergeßlichen Figuren von Walt Disney witzig, intelligent und ganz und gar unabsichtlich beitragen.

Gebrauchsanweisung

Die 999 Wörter dieses Wörterbuches sind in zehn Themen aufgeteilt. Ein Thema bildet jeweils ein Kapitel. Die dazugehörigen Wörter findet der Leser auf den Seiten 7-93:

Seite für Seite werden die Themen jeweils durch ein großes Bild illustriert, das von den französischen Wörtern oder Sätzen mit ihrer Übersetzung umrahmt wird.

Il y a une seule boulangerie dans cette rue.
Es gibt nur eine einzige Bäckerei in dieser Straße.

la boucherie
die Fleischerei

l'épicerie
das Lebensmittelgeschäft

französisches Wort

la boulangerie
die Bäckerei

Übersetzung des Wortes

französischer Satz

Cette boutique est fermée.
Dieser Laden ist zu.

Übersetzung des Satzes

le boulanger
der Bäcker

le boucher
der Fleischer

Donald fait les courses.
Donald kauft ein.

Am Fuß der Seite stellt ein Comic strip die Dialoge dar: Der französische Text steht in den Sprechblasen, die Übersetzung unter den einzelnen Bildern.

Dialog auf französisch

– Dieses Hähnchen wiegt zwei Kilo.
– Ich wiege mal nach!
– Gefüllte Hähnchen

– Fleischerei
– Öffnungszeiten

– Seien Sie nicht beleidigt! Ich wollte nur sichergehen.

– Wenn du es nicht gejagt hast...
– ... warum ist dann Blei...
– ... in der Füllung?

Übersetzung des Dialoges

Das gesamte Vokabular wurde schließlich in zwei Verzeichnisse (S. 101-111) aufgenommen, in denen sie alphabetisch geordnet und übersetzt sind. Wer die Übersetzung eines bestimmten Wortes sucht, muß in diesen Verzeichnissen wie in einem normalen Wörterbuch nachschlagen.
Ferner findet man auf den Seiten 95-99 Tabellen mit Konjugation, Zahlen, Tagen und Monaten sowie Lautschrift und Aussprachehilfe.

la maison • das Haus

le jardin • der Garten

Il plante un arbre.
Er pflanzt einen Baum.

le râteau
der Rechen

l'arrosoir
die Gießkanne

la pelle
die Schaufel

la haie
die Hecke

la pelouse
der Rasen

la tondeuse à gazon
der Rasenmäher

l'allée
der Gartenweg

Riri arrose les fleurs.
Tick gießt die Blumen.

C'est le printemps, ils sont dans le jardin.
Es ist Frühling, sie sind im Garten.

– Auf Wiedersehen, Donald! Bis bald!
– Auf Wiedersehen, Daisy!

– Donald

– Sie liebt mich... Sie liebt mich nicht...
Sie liebt mich...
– Sie liebt mich nicht!

la maison • das Haus

la cheminée
der Schornstein

le toit
das Dach

le mur
die Mauer

le garage
die Garage

la fenêtre
das Fenster

la porte
die Tür

le volet
der Fensterladen

le balcon
der Balkon

La porte est fermée.
Die Tür ist zu.

la clé
der Schlüssel

La clé est dans la serrure.
Der Schlüssel steckt im Schloß.

Donald ne peut pas habiter dans cette maison.
Donald kann nicht in diesem Haus wohnen.

– So ein schönes Haus!
– Zu vermieten

– Sie möchten ein Haus mieten? Ich kann Ihnen eins für nur 150 $ verkaufen…
– Unmöglich! Zu so einem Preis kann man kein Haus kaufen!

– Sie glauben mir nicht? Hier ist die Eigentumsurkunde!

– Ich kaufe sofort!

– Puppenhaus
– Zu vermieten

dans la maison • im Haus

La lumière est éteinte.
Das Licht ist aus.

la rampe
das Geländer

le couloir
der Flur

la marche
die Stufe

La lumière est allumée.
Das Licht ist an.

le plancher
der Fußboden

Il monte l'escalier.
Er geht die Treppe hoch.

Le couloir est étroit et sombre.
Der Flur ist schmal und dunkel.

– Wir haben Angst…
– … es ist zu…
– … dunkel da oben…

– Aber nein, habt keine Angst! Seht mal!

la salle de séjour • das Wohnzimmer

Donald lit un livre.
Donald liest ein Buch.

le vase
die Vase

la télévision
der Fernseher

le fauteuil
der Sessel

l'aquarium
das Aquarium

la chaîne stéréo
die Stereoanlage

le téléphone
das Telefon

Le fauteuil est confortable.
Der Sessel ist bequem.

Donald est assis.
Donald sitzt.

Le poisson rouge regarde la télévision !
Der Goldfisch sieht fern!

– Dieser Fisch geht mir auf die Nerven!

– Hör auf mich anzustarren!

la chambre • das Schlafzimmer

Le réveil sonne.
Der Wecker klingelt.

la lampe
die Lampe

l'armoire
der Schrank

la couverture
die Decke

le réveille-matin
der Wecker

le drap
das Laken

la table de chevet
der Nachttisch

le matelas
die Matratze

le tapis
der Teppich

Donald se lève.
Donald steht auf.

Il va bientôt se recoucher.
Er wird sich bald wieder ins Bett legen.

– Es ist Zeit!

– Ein bißchen Gymnastik…

– … damit ich wach werde…

– Uff!

au lit • im Bett

Donald est fatigué, il bâille.
Donald ist müde, er gähnt.

la robe de chambre
der Morgenmantel

le bonnet de nuit
die Nachtmütze

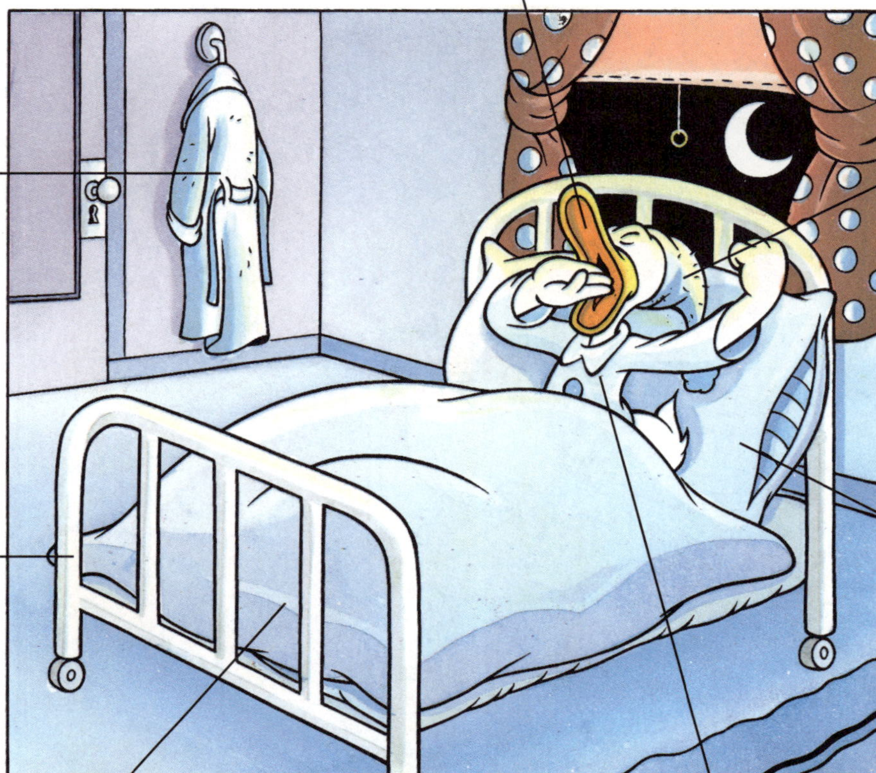

le lit
das Bett

l'oreiller
das Kopfkissen

l'édredon
das Federbett

le pyjama
der Schlafanzug

Il est tard, c'est la nuit.
Es ist spät, es ist Nacht.

Il va dormir.
Er wird einschlafen.

– Hau ab, du dummes Vieh! Laß mich schlafen!

la cuisine • die Küche

Donald fait la cuisine.
Donald kocht.

la casserole
der Kochtopf

l'étagère
das Regal

la cuisinière
der Herd

l'évier
die Spüle

le four
der Ofen

l'éponge
der Schwamm

la poubelle
der Mülleimer

le placard
der Küchenschrank

le tabouret
der Hocker

Il a cassé une assiette.
Er hat einen Teller kaputtgemacht.

Les verres sont rangés sur l'étagère.
Die Gläser stehen im Regal.

La vaisselle n'est pas faite.
Das Geschirr ist nicht gespült.

– Es ist Zeit… … unsere Medizin… … einzunehmen, Onkel Donald.

– Das ist aber eine Überraschung, … keine Grimassen!
– Schmatz!

– Auf Wiedersehen!
– Auf Wiedersehen! Dieser Kuchen schmeckt sicher besser mit etwas Sahne…

– Äh bäh!… Äh!

la salle de bains • das Badezimmer

Donald est propre ; il prend un bain.
Donald ist reinlich; er badet.

Il se brosse les dents deux fois par jour.
Er putzt sich zweimal täglich die Zähne.

la ville • die Stadt

la rue • die Straße

l'immeuble
das Gebäude

le feu de signalisation
die Ampel

le trottoir
der Bürgersteig

la voiture
der Wagen

l'agent de police
der Polizist

le carrefour
die Kreuzung

Donald demande son chemin à l'agent de police.
Donald fragt den Polizisten nach dem Weg.

Il lui montre le chemin.
Er zeigt ihm den Weg.

Il n'y a pas d'embouteillage !
Es gibt keinen Stau!

– Parken verboten

– Parkplatz

– Post
– Fahrradständer für Briefträger

la circulation • der Verkehr

Donald a provoqué un embouteillage.
Donald hat einen Stau verursacht.

Il fait croire que son paquet contient de la dynamite.
Man soll glauben, daß in dem Paket Sprengstoff ist.

– Ich sehe nur eine Lösung…

– Vorsicht Sprengstoff

les magasins • die Geschäfte

Il y a une seule boulangerie dans cette rue.
Es gibt nur eine einzige Bäckerei in dieser Straße.

la boucherie
die Fleischerei

l'épicerie
das Lebensmittelgeschäft

la boulangerie
die Bäckerei

Cette boutique est fermée.
Dieser Laden ist zu.

le boulanger
der Bäcker

le boucher
der Fleischer

Donald fait les courses.
Donald kauft ein.

Il y a de nombreux magasins dans cette rue.
In dieser Straße gibt es viele Geschäfte.

Donald n'aime pas aller au supermarché.
Donald geht nicht gern in den Supermarkt.

– Dieses Hähnchen wiegt zwei Kilo.
– Ich wiege mal nach!
– Gefüllte Hähnchen

– Fleischerei
– Öffnungszeiten

– Seien Sie nicht beleidigt! Ich wollte nur sichergehen.

– Wenn du es nicht gejagt hast…
– … warum ist dann Blei…
– … in der Füllung?

l'argent • das Geld

Il vend un timbre à Donald.
Er verkauft Donald eine Briefmarke.

le vendeur
der Verkäufer

le comptoir
die Theke

le billet
der Geldschein

la caissière
die Kassiererin

le portefeuille
die Brieftasche

la pièce
das Geldstück

Elle paie la caissière.
Sie zahlt bei der Kassiererin.

le porte-monnaie
der Geldbeutel

la caisse
die Kasse

Donald achète un timbre.
Donald kauft eine Briefmarke.

Le lait est cher, le sucre est bon marché.
Die Milch ist teuer, der Zucker ist billig.

– Ich möchte eine Zweipfennig-Briefmarke!

– Ihr Wechselgeld!

à la gare • am Bahnhof

le contrôleur
der Schaffner

la locomotive
die Lokomotive

le train
der Zug

l'horloge
die Uhr

le wagon
der Wagen

la voie
das Gleis

le quai
der Bahnsteig

Donald part en vacances.
Donald fährt in die Ferien.

la valise
der Koffer

La dame se dépêche, elle est en retard.
Die Dame beeilt sich, sie hat sich verspätet.

Ses bagages sont lourds.
Ihr Gepäck ist schwer.

– Bis bald!
– Tschüß...
– Onkel...
– Donald!

– Ich habe meinen Koffer vergessen!

– Schnell! Der Zug fährt ab!

les moyens de transport • die Verkehrsmittel

Il conduit l'autobus.
Er fährt den Bus.

le panneau
das Schild

le taxi
das Taxi

le passager
der Fahrgast

le conducteur
der Fahrer

l'autobus
der Bus

la moto
das Motorrad

le camion
der Lastwagen

le passage pour piétons
der Zebrastreifen

Ils attendent l'autobus.
Sie warten auf den Bus.

Le panneau indique les directions.
Das Schild zeigt die Richtungen an.

La petite fille est entre le monsieur et la dame.
Das kleine Mädchen steht zwischen dem Herrn und der Dame.

–Bushaltestelle – Bushaltestelle – Bushaltestelle

l'école • die Schule

la salle de classe • das Klassenzimmer

C'est le meilleur élève de la classe.
Er ist Klassenbester.

Elle efface le tableau.
Sie wischt die Tafel ab.

le tableau
die Tafel

l'élève
die Schülerin

la maîtresse
die Lehrerin

Elle tourne la page.
Sie blättert die Seite um.

le bureau
der Schreibtisch

la page
die Seite

l'élève
der Schüler

Il écrit.
Er schreibt.

Les élèves sont dans la salle de classe.
Die Schüler sind im Klassenzimmer.

Les élèves travaillent bien.
Die Schüler sind fleißig.

– Ich schaue mal beim Schuldirektor rein und frage, ob sich Davidchen gut an die Schule gewöhnt.

– Vielen Dank für Ihre Hilfe… Die Schule hat eine ausgezeichnete Wirkung auf Davidchen!
– Ja, also…

– Ich weiß nicht, ob die Schule Wirkung auf Davidchen hat, doch hat Davidchen eine Wirkung auf die Schule!

la récréation • die Pause

Le professeur surveille la cour.
Der Lehrer beaufsichtigt den Hof.

Il court.
Er läuft.

Les enfants font la ronde.
Die Kinder tanzen Ringelreihen.

Il joue aux billes.
Er spielt Murmeln.

Michou a posé ses livres par terre.
Mack hat seine Bücher auf den Boden gelegt.

C'est un ami de Michou.
Das ist ein Freund von Mack.

C'est l'heure de la récréation.
Es ist Pause.

Les enfants s'amusent.
Die Kinder haben Spaß.

– Also… du bist der Neue?

– Stimmt! Noch Fragen?

– Was hast du heute in der Schule gelernt, Mack?
– Daß der Schein trügt!

le calcul • das Rechnen

la division
das Dividieren

la soustraction
das Subtrahieren

la multiplication
das Multiplizieren

l'addition
das Addieren

le cahier
das Heft

le total
die Summe

Michou fait ses comptes.
Mack rechnet.

le chiffre
die Zahl

le cartable
der Schulranzen

Il a fait une erreur dans une opération.
Er hat sich verrechnet.

– Soll ich dir bei den Hausaufgaben helfen?
– X hat drei Dollar Taschengeld in der Woche…

– Busfahrscheine, Kugelschreiber, Bonbons, eine Kinovorstellung in der Woche… X kann das nicht schaffen!
– Das habe ich mir gedacht!

– Danke für die Erhöhung, Micky!

les couleurs • die Farben

bleu
blau

jaune
gelb

blanc
weiß

rouge
rot

vert
grün

orange
orange

gris
grau

marron
braun

noir
schwarz

C'est une couleur foncée.
Das ist eine dunkle Farbe.

C'est une couleur claire.
Das ist eine helle Farbe.

violet
violett

rose
rosa

– Viel Spaß! Ich hoffe, du leistest gute Arbeit!
– Was soll das heißen? Ich bin der beste Streifenmaler in der Stadt!

– Später…
– Ich weiß nicht, warum ich mir immer Sorgen mache, wenn er für mich arbeitet…

– Du wolltest gute Arbeit… Hier hast du sie!

les formes • die Formen

Elle écoute P'tit David.
Sie hört Davidchen zu.

le rectangle
das Rechteck

le cercle
der Kreis

le triangle
das Dreieck

Ce livre est fermé.
Dieses Buch ist zu.

le carré
das Quadrat

Cet encrier est plein.
Dieses Tintenfaß ist voll.

Cet encrier est vide.
Dieses Tintenfaß ist leer.

Ce livre est ouvert.
Dieses Buch ist aufgeschlagen.

La mappemonde est ronde.
Die Erdkugel ist rund.

– Ich bin wirklich froh, daß Davidchen zur Schule geht!

– Endlich bringt man ihm was bei…

– Und hier die Spur einer Bärentatze… habt ihr alle verstanden?

l’heure • die Uhrzeit

Cette aiguille indique les minutes.
Dieser Zeiger zeigt die Minuten an.

Cette aiguille indique les heures.
Dieser Zeiger zeigt die Stunden an.

Le coucou est à l’heure.
Die Kuckucksuhr geht richtig.

La montre de Dingo retarde.
Goofys Uhr geht nach.

la montre
die Armbanduhr

le réveil
der Wecker

Le réveil avance.
Der Wecker geht vor.

Cette aiguille indique les secondes.
Dieser Zeiger zeigt die Sekunden an.

Mickey remonte le réveil ; il sonnera demain matin à huit heures.
Micky zieht den Wecker auf. Er wird morgen früh um 8 Uhr klingeln.

– Schlußverkauf
– So eine schöne Kuckucksuhr! Ich bin ganz froh über diesen Kauf!
– Viel Glück!

– Mal sehen, wie spät ist es?

– Es ist zwei Uhr! Meine Kuckucksuhr schlägt!

les gens • die Leute

la famille • die Familie

C'est la grand-mère d'Anne.
Sie ist Annes Großmutter.

C'est l'oncle d'Anne.
Er ist Annes Onkel.

C'est le fils de Michel.
Er ist Michaels Sohn.

C'est le grand-père de Philippe.
Er ist Philipps Großvater.

C'est le père de Philippe.
Er ist Philipps Vater.

Ils sont frère et sœur.
Sie sind Geschwister.

C'est la mère de Marc.
Sie ist Marks Mutter.

C'est la cousine d'Anne.
Sie ist Annes Kusine.

C'est la tante d'Anne.
Sie ist Annes Tante.

C'est la fille de Michel.
Sie ist Michaels Tochter.

C'est le cousin d'Anne.
Er ist Annes Vetter.

Michel est le mari de Marguerite.
Michael ist Margaretes Mann.

Marguerite est la femme de Michel.
Margarete ist Michaels Frau.

– Hast du gesehen? Sie putzt gut!
– Was für ein Durcheinander!

– Bumm!

– Ich hätte nicht gedacht, daß meine Familie dir angst macht…

les personnes • die Personen

la femme
die Frau

Il est heureux.
Er ist glücklich.

Elle est jeune.
Sie ist jung.

l'homme
der Mann

la fille
das Mädchen

le bébé
das Baby

P'tit David est un garçon.
Davidchen ist ein Junge.

La maman porte son bébé dans les bras.
Die Mutti hält ihr Baby in den Armen.

Elle a deux enfants.
Sie hat zwei Kinder.

– Glauben Sie, daß Sie es schaffen werden?
– Selbstverständlich! Holen Sie ihn in einer halben Stunde wieder ab.

– Ich warne Sie…
– Komm… Komm…

– Aber… Aber…
– … ich hasse es, mir die Haare schneiden zu lassen!

l'aspect physique • das Aussehen

Il est vieux.
Er ist alt.

Il est gros.
Er ist dick.

Il est laid.
Er ist häßlich.

Il est grand.
Er ist groß.

Il est maigre.
Er ist dünn.

Il est fort.
Er ist stark.

Il est petit.
Er ist klein.

Dingo est plus grand que Mickey.
Goofy ist größer als Micky.

Mickey est plus petit que Dingo.
Micky ist kleiner als Goofy.

Jean est plus gros que Dingo.
Hans ist dicker als Goofy.

– Micky, brauchst du einen Entsafter?
– Oh ja, danke!

– Ein Entsafter ist sehr nützlich.

– Das ist wirklich nett von dir, Micky! Mein Vetter war arbeitslos!

la chevelure • das Haar

Il a les cheveux courts.
Er hat kurze Haare.

la queue de cheval
der Pferdeschwanz

la frange
der Pony

la moustache
der Schnurrbart

Elle est blonde.
Sie ist blond.

Il est brun.
Er ist braunhaarig.

la tresse
der Zopf

la barbe
der Bart

la barrette
die Haarspange

Il est barbu et il a les cheveux raides.
Er hat einen Bart und glattes Haar.

La petite fille est rousse.
Das Mädchen ist rothaarig.

Elle a les cheveux longs.
Sie hat lange Haare.

– Micky, kannst du den Babysitter für meine Nichte abholen?
– Ja...

– Stört es Sie, wenn ich meine Platten mitbringe?

– Ich werde sie anhalten, sie sehen komisch aus!

la personnalité • die Persönlichkeit

Mickey est surpris.
Micky ist überrascht.

P'tit David est poli.
Davidchen ist höflich.

Dingo est content.
Goofy ist zufrieden.

Elle est célèbre.
Sie ist berühmt.

Dingo est pauvre.
Goofy ist arm.

Miss Latour est riche.
Fräulein Latour ist reich.

Mickey est gentil !
Micky ist nett!

– Ich gehe jagen!
– OK! Aber komm nicht wie üblich mit einem Indianerhäuptling oder einem Bären zurück...

– Du hast gut lachen! Er hat oft böse Überraschungen für uns!

– Später
– Ich hoffe, es stört euch nicht... Ich habe jemanden eingeladen...
– Nein! Kommt nicht in Frage!

– Es tut mir schrecklich leid, Fräulein Latour!
– Das ist nicht schlimm, Davidchen!
– Hätte ich nur geschwiegen...

les vêtements (1) • die Kleidung (1)

le chemisier
die Bluse

Elle porte une jolie robe longue.
Sie trägt ein schönes, langes Kleid.

la veste
die Jacke

le nœud papillon
die Fliege

le jupon
der Unterrock

la cravate
die Krawatte

Elle est très élégante.
Sie ist sehr elegant.

le collant
die Strumpfhose

la robe
das Kleid

Minnie s'est maquillée.
Minnie hat sich geschminkt.

Mickey a un costume neuf.
Micky hat einen neuen Anzug.

– Gehst du heute abend zum Ball?
– Nein, nur wenn ich ein Mädchen finde, das sich wie früher anzieht.

– Hat Goofy ein Mädchen nach seinem Geschmack gefunden?

– Ja! Er macht nie halbe Sachen!

les vêtements (2) • die Kleidung (2)

le chapeau
der Hut

le portemanteau
der Kleiderständer

la casquette
die Schirmmütze

le manteau
der Mantel

l'imperméable
der Regenmantel

le pantalon
die Hose

la jupe
der Rock

Sa veste est trop large.
Seine Jackett ist zu weit.

le jean
die Jeans

Le pantalon de Mickey est trop court.
Mickys Hosen sind zu kurz.

Minnie va s'habiller.
Minnie wird sich anziehen.

– Willst du das wirklich heute Abend tragen?
– Ja! Torerohosen sind zur Zeit modern.

– Am Abend…
– Mein erster Gast… Hoffentlich ist es Micky!

– Da wären wir!

les vêtements (3) • die Kleidung (3)

Il y a beaucoup de vêtements dans la penderie.
Im Kleiderschrank hängen viele Kleider.

Il a accroché son bonnet au portemanteau.
Er hat seine Mütze am Kleiderständer aufgehängt.

– Mit diesem Mittel wird es keine Motten mehr geben…

– Wenn die wüßten, was sie erwartet…

– Später…
– Ich habe meinen besten Anzug vergessen!

les chaussures • die Schuhe

Sa botte est trouée.
Sein Stiefel hat ein Loch.

Il a mal au pied.
Sein Fuß tut ihm weh.

le tennis
der Sportschuh

la botte
der Stiefel

le lacet
der Schnürsenkel

la bottine
der Halbstiefel

le talon
der Absatz

l'escarpin
der Pumps

Les chaussures de Dingo sont trop grandes.
Goofys Schuhe sind zu groß.

– Du hast gesagt, du würdest nicht mehr zum Ball gehen…
– Ja… Aber ich habe trotzdem Lust, mich zu amüsieren…

– Das ist seltsam…
– Na und, geht es dich was an?

– Ich hielt es nicht mehr aus, mir auf die Füße treten zu lassen.

les bijoux • der Schmuck

la bague
der Ring

Cette bague en or brille.
Dieser Goldring glänzt.

la boucle d'oreille
der Ohrring

l'émeraude
der Smaragd

la perle
die Perle

le collier
die Halskette

le bracelet
das Armband

Le collier de Minnie s'est cassé.
Minnies Kette ist kaputt.

la broche
die Brosche

le rubis
der Rubin

Les perles ont roulé sur le sol.
Die Perlen sind auf den Boden gerollt.

Les émeraudes et les rubis sont des pierres précieuses.
Smaragde und Rubine sind Edelsteine.

– Micky! Meine Perlen…!
– Ich sammle sie dir wieder auf!

– Oje, Oje! Sind das viele!

– Gut… Ich glaube, ich habe alle wiedergefunden…

– Die anderen sind schon längst weg!

le corps humain • der menschliche Körper

les parties du corps (1) • die Körperteile (1)

la tête
der Kopf

Il fronce les sourcils.
Er runzelt die Stirn.

le cou
der Hals

l'épaule
die Schulter

le ventre
der Bauch

les fesses
der Hintern

le dos
der Rücken

Elle porte des lunettes.
Sie trägt eine Brille.

La dame tourne le dos à Donald.
Die Dame dreht Donald den Rücken zu.

– He, Sie! Sehen Sie nicht, daß ich gerade ein Foto mache?

– Oje, Oskar!

les parties du corps (2) • die Körperteile (2)

Il croise les bras.
Er verschränkt die Arme.

Le masseur est debout.
Der Masseur steht.

la jambe
das Bein

le bras
der Arm

le doigt
der Finger

le pied
der Fuß

le coude
der Ellenbogen

Il porte des sandales.
Er trägt Sandalen.

la main
die Hand

le doigt de pied
die Zehe

le genou
das Knie

Donald est allongé.
Donald liegt.

Le masseur a les bras musclés.
Der Masseur hat muskulöse Arme.

Donald se fait masser une fois par semaine.
Donald läßt sich einmal wöchentlich massieren.

– Diplom

– Knack

– Das macht einen Dollar!

le visage • das Gesicht

les cheveux
die Haare

l'œil
das Auge

le sourcil
die Augenbraue

le cil
die Wimper

la dent
der Zahn

la bouche
der Mund

la langue
die Zunge

l'oreille
das Ohr

le menton
das Kinn

la joue
die Wange

le front
die Stirn

Le bébé tire la langue.
Das Baby streckt die Zunge raus.

– Oh! Was bist du niedlich! Kille Kille!

– Psst!
– Wäh! Wäh!

– Guck mal! Die Uhr macht tick tack!

la santé • die Gesundheit

L'infirmière va le soigner.
Die Krankenschwester wird ihn pflegen.

Il a mal à la tête.
Er hat Kopfschmerzen.

Le médecin est inquiet.
Der Arzt ist beunruhigt.

la seringue
die Spritze

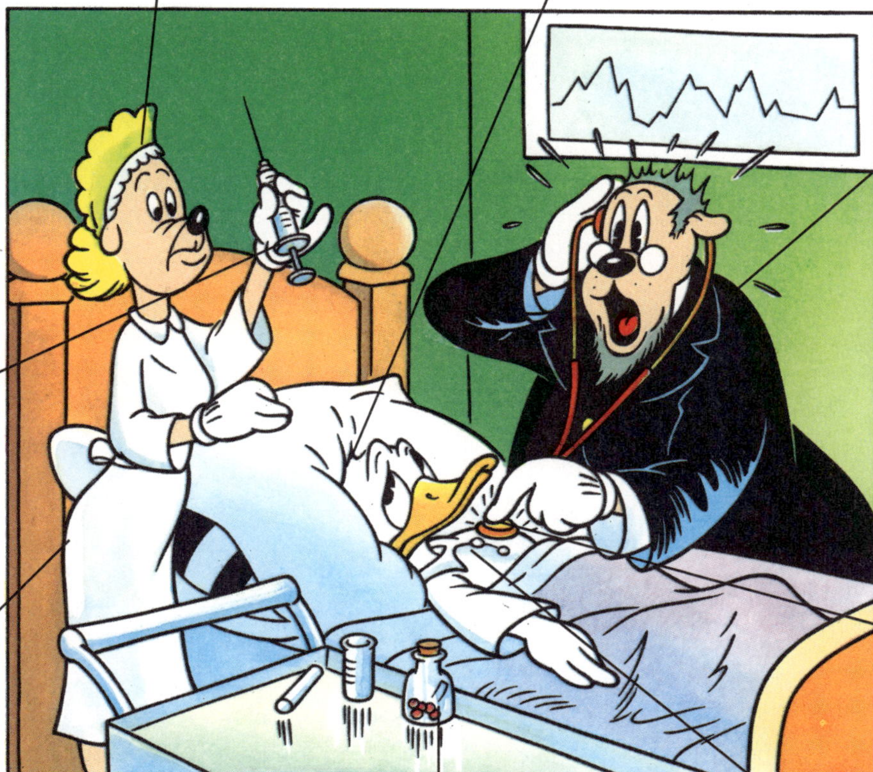

Le cœur de Donald bat très fort.
Donalds Herz schlägt sehr heftig.

Elle va lui faire une piqûre.
Sie wird ihm eine Spritze geben.

le médicament
die Medizin

Il respire avec difficulté.
Er atmet schwer.

On l'a transporté à l'hôpital en ambulance.
Man hat ihn mit dem Krankenwagen ins Krankenhaus gebracht.

Donald va peut-être mourir.
Donald wird vielleicht sterben.

– Ich stelle mich mal krank…

– Tick Tack

– Haha! Er ist drauf reingefallen!

– Krankenwagen

la nourriture • die Nahrung

les légumes • das Gemüse

la citrouille
der Kürbis

la carotte
die Karotte

la salade
der Salat

le petit pois
die Erbse

le poivron
der Paprika

le poireau
der Lauch

l'oignon
die Zwiebel

le haricot vert
die grüne Bohne

le chou
der Kohl

la pomme de terre
die Kartoffel

le radis
das Radieschen

– Wir haben… … Zauberdünger gekauft.
– Zauberdünger
– Ihr wißt, daß Regen und Arbeit die Pflanzen wachsen lassen…

– Es regnet! Ich wette, morgen ist alles gewachsen!

– Am Morgen
– Ich bin gespannt…

– So etwas! Ich hatte euch ja gesagt, daß alles…
– … wachsen würde!

les fruits • das Obst

le raisin
die Traube

la pêche
der Pfirsich

la fraise
die Erdbeere

la banane
die Banane

l'ananas
die Ananas

la pomme
der Apfel

la cerise
die Kirsche

l'orange
die Orange

la poire
die Birne

Les fruits sont mûrs.
Das Obst ist reif.

La pêche est un fruit.
Der Pfirsich ist eine Frucht.

– Habt ihr das schöne Obst gesehen?

– Wollt ihr noch mehr?

la table • der Tisch

Donald porte un plat.
Donald hält eine Platte.

Gus a toujours faim et soif.
Franz Gans ist immer hungrig und durstig.

– Hier! Hoffentlich reicht es dir!

– Oje! Was für ein Nimmersatt! Hoffentlich läßt er mir etwas zu essen übrig…

– Was? Es bleiben nur…

– … Knochen übrig?

le petit déjeuner • das Frühstück

Donald boit du café.
Donald trinkt Kaffee.

la tasse
die Tasse

le lait
die Milch

les céréales
das Müsli

l'œuf
das Ei

la confiture
die Marmelade

le beurre
die Butter

la théière
die Teekanne

la cafetière
die Kaffeekanne

le miel
der Honig

le sucre
der Zucker

le pain
das Brot

Il a préparé du thé.
Er hat Tee gekocht.

Les neveux ne sont pas encore levés.
Die Neffen sind noch nicht aufgestanden.

– Es ist kein Zucker im Kaffee...

– Diese Zuckerdose ist wirklich unpraktisch...

– Ich habe die Lösung gefunden!

le déjeuner • das Mittagessen

la cuisse de poulet
die Hähnchenkeule

le fromage
der Käse

la bouteille
die Flasche

le yaourt
der Yoghurt

la viande
das Fleisch

le plat
die Platte

la nappe
die Tischdecke

la tarte
die Obsttorte

le riz
der Reis

Gus mange beaucoup.
Franz Gans ißt viel.

Le fromage est délicieux.
Der Käse ist köstlich.

– Du siehst ja selbst, es gibt nichts zu essen!

– Es hat geklappt! Er geht nach Hause!

– Bumm!

le dîner • das Abendessen

Gus a vidé le réfrigérateur !
Franz Gans hat den Kühlschrank ausgeräumt!

La soupe est brûlante.
Die Suppe ist kochend heiß.

la soupière
die Suppenschüssel

Donald est en colère.
Donald ist zornig.

la louche
die Suppenkelle

l'eau
das Wasser

la soupe
die Suppe

la poêle
die Pfanne

le poisson
der Fisch

Gus n'est pas un vrai somnambule !
Franz Gans ist kein echter Schlafwandler!

Il aime le poisson.
Er mag Fisch.

– Wo geht er denn hin?

– In die Küche?

la nature • die Natur

la forêt • der Wald

le nid
das Nest

la branche
der Ast

la feuille
das Blatt

l'arbre
der Baum

Les feuilles tombent.
Die Blätter fallen.

le tronc
der Stamm

l'écureuil
das Eichhörnchen

la châtaigne
die Kastanie

l'herbe
das Gras

Mickey a ramassé des champignons.
Micky hat Pilze gesammelt.

C'est l'automne.
Es ist Herbst.

Ils sont dans une clairière.
Sie sind auf einer Lichtung.

– Was essen wir heute, Kinder?
– Was haltet ihr von einem Omelett aus Adlereiern?
– Aus Adlereiern?

– Das ist lecker! Und ich weiß, wo man sie im Wald finden kann!

– Ein wenig später…
– Wartet nicht auf mich! Ich werde mich wohl etwas verspäten!

la montagne • das Gebirge

le chamois
die Gemse

la montagne
der Berg

le sommet
der Gipfel

l'aigle
der Adler

le chevreuil
das Reh

le chalet
die Hütte

Dingo est derrière Mickey.
Goofy ist hinter Micky.

le chemin
der Weg

le torrent
der Gebirgsbach

Mickey est devant Dingo.
Micky ist vor Goofy.

La vallée est en bas.
Das Tal ist unten.

Le sommet est en haut.
Der Gipfel ist oben.

– Das macht Spaß, Vogeleier für das Museum zu sammeln…
– Wir bleiben durch das Walkie-talkie in Verbindung!

– Später...
– Krsch Krsch
– Ich frage mich, was Goofy will…

– Hast du etwas gefunden?
– Nein, ich wurde gefunden!

la campagne • das Land

l'oiseau
der Vogel

L'oiseau vole.
Der Vogel fliegt.

la vache
die Kuh

le veau
das Kalb

le cochon
das Schwein

la clôture
der Zaun

le lapin
das Kaninchen

la prairie
die Wiese

le ruisseau
der Bach

la chèvre
die Ziege

Le soleil se lève : il est très tôt.
Die Sonne geht auf: es ist sehr früh.

Quel beau paysage !
Welch schöne Landschaft!

– Es ist zu gefährlich, im Nebel zu fahren! Ich halte mal und warte ein bißchen.

– Am Morgen...
– Ich bin eingeschlafen! Endlich hat sich der Nebel aufgelöst...

– Eins ist sicher, es war sehr neblig!

les fleurs • die Blumen

la rose
die Rose

l'œillet
die Nelke

la tulipe
die Tulpe

le bouquet
der Strauß

l'abeille
die Biene

la tige
der Stengel

Ça sent bon !
Das riecht gut!

Cette fleur est fanée.
Diese Blume ist verblüht.

les pétales
die Blütenblätter

la marguerite
die Margerite

Il n'y a que des fleurs, il n'y a pas de plantes vertes.
Es gibt nur Blumen, es gibt keine Grünpflanzen.

– Oh! Verzeihung!
– Blumenladen

– Minnie, laß mich erklären!

la rivière • der Fluß

la canne à pêche
die Angel

le poisson
der Fisch

la rive
das Ufer

le pêcheur
der Angler

le sapin
die Tanne

le caillou
der Kieselstein

le pont
die Brücke

Il a pêché un beau poisson.
Er hat einen schönen Fisch geangelt.

le canoë
das Kanu

La rivière est profonde.
Der Fluß ist tief.

L'eau coule sous le pont.
Das Wasser fließt unter der Brücke.

– Das ist ein echtes Kanu… Ich habe es wie die Indianer gebaut!
– Es sieht nicht stabil aus…

– Wir sinken!
– Aber nein! Gleich sind wir mitten auf dem Fluß!

– Komm zurück, Goofy! Komm zurück!

la mer • das Meer

l'ancre
der Anker

le navire
das Schiff

le phare
der Leuchtturm

Il fait du ski nautique.
Er fährt Wasserschi.

la jetée
die Mole

le bateau
das Boot

Il nage.
Er schwimmt.

Il y a un navire dans le port.
Es ist ein Schiff im Hafen.

Le vent souffle.
Der Wind bläst.

– Laß das Segel runter! Es ist zu windig!
– Ich versuche es!

– Micky!
– Ich schaffe es nicht!

– Polizei
– Ich nehme an, daß meine Erklärungen Sie nicht interessieren…

le ciel • der Himmel

la soucoupe volante
die fliegende Untertasse

la lune
der Mond

le nuage
die Wolke

Il y a un croissant de lune.
Es ist Halbmond.

l'avion
das Flugzeug

la chouette
die Eule

l'étoile
der Stern

Les étoiles brillent dans le ciel.
Die Sterne leuchten am Himmel.

La soucoupe volante traverse les airs.
Die fliegende Untertasse fliegt durch die Luft.

La nuit est agitée.
Die Nacht ist unruhig.

– Ich habe eine Idee! Ich baue meinen Drachen wie eine Möwe!
– Ich verstehe...

– Das war's! Jetzt fliege ich auf und davon wie eine... Ohh!

– Und nun erklär mir, wie ich wieder runterkomme!

l'orage • der Sturm

Dingo s'abrite à l'intérieur de la maison.
Goofy stellt sich im Haus unter.

l'éclair
der Blitz

le parapluie
der Regenschirm

l'imperméable
der Regenmantel

la pluie
der Regen

la flaque
die Pfütze

Les chaussures de Mickey sont mouillées.
Mickys Schuhe sind naß.

Il y a du vent !
Es ist windig!

On entend le tonnerre.
Man hört den Donner.

– Ich werde mein Barometer aufhängen, um zu sehen, wie das Wetter wird… Ohhh!

– Es hat sich verklemmt!
– Sonne
– Regen

– Ich glaube, ich habe eine Dummheit gemacht…

la ferme • der Bauernhof

le chat
die Katze

le coq
der Hahn

Le chat est sur le toit.
Die Katze ist auf dem Dach.

La poule est dans le poulailler.
Das Huhn ist im Hühnerstall.

le fermier
der Bauer

le cheval
das Pferd

la poule
das Huhn

le chien
der Hund

le canard
die Ente

la niche
die Hundehütte

Le canard nage dans la mare.
Die Ente schwimmt auf dem Teich.

le cochon
das Schwein

C'est un chien fidèle ; il garde la maison.
Er ist ein zuverlässiger Hund; er bewacht das Haus.

Combien y a-t-il d'animaux ?
Wie viele Tiere gibt es?

Le fermier monte à cheval.
Der Bauer reitet.

– Ich habe beschlossen, einen Wetterhahn auf meinem Dach aufzustellen!
– Eine gute Idee!

– Einige Tage später...
– Ich besuche mal Goofy... Er ist sicher mit seinem Wetterhahn fertig...

– Mir scheint, ich habe die Gebrauchsanweisung falsch gelesen...

les animaux sauvages • die wilden Tiere

la girafe
die Giraffe

l'hippopotame
das Nilpferd

le singe
der Affe

Le zèbre court vite.
Das Zebra läuft schnell.

l'éléphant
der Elefant

le lion
der Löwe

Mickey a peur des animaux sauvages.
Micky hat Angst vor wilden Tieren.

le serpent
die Schlange

le crocodile
das Krokodil

Attention ! Le lion a l'air méchant.
Vorsicht! Der Löwe sieht böse aus.

La girafe a un long cou.
Die Giraffe hat einen langen Hals.

– Nicht doch, Minnie... ich wollte nicht, daß mein Wohnzimmer neu tapeziert wird...
– Aber sieh doch erst mal, wie erstaunlich diese neuen Tapeten sind!...

– Guck mal! Das ist wie ein echter Garten! Gefällt es dir?
– Ja... täuschend echt...

– Wart ab, was ich für dein Wohnzimmer ausgesucht habe!...

– Später

les loisirs • Freizeit

l'aéroport • der Flughafen

Arrivées
Ankunft

Cet avion décolle.
Dieses Flugzeug startet.

Départs
Abflug

l'avion
das Flugzeug

le hangar
die Flugzeughalle

Cet avion atterrit.
Dieses Flugzeug landet.

l'hôtesse de l'air
die Stewardeß

le douanier
der Zollbeamte

la douane
der Zoll

Une femme montre son passeport au douanier.
Eine Frau zeigt dem Zollbeamten ihren Paß.

– Heute landest du...
– Aber!... Aber!...

– Prima! Jetzt vorsichtig!

– Bravo! Ich hätte es selbst nicht besser gemacht!
– Hilfe!

la plage • der Strand

le palmier
die Palme

Le soleil brille.
Die Sonne scheint.

Il fait un château de sable.
Er baut eine Sandburg.

le parasol
der Sonnenschirm

les lunettes de soleil
die Sonnenbrille

le maillot de bain
der Badeanzug

la bouée
der Schwimmring

les coquillages
die Muscheln

le sable
der Sand

Elle est bronzée.
Sie ist braun.

Ils sont en vacances.
Sie sind im Urlaub.

Il fait beau, c'est l'été.
Es ist schönes Wetter, es ist Sommer.

– Viele Leute hier!...

– Wo soll ich mich bloß hinlegen?

le camping • der Campingplatz

le camping-car
das Wohnmobil

la caravane
der Wohnwagen

la tente
das Zelt

la fumée
der Rauch

le sac de couchage
der Schlafsack

le feu
das Feuer

le sac à dos
der Rucksack

le bois
das Holz

la guitare
die Gitarre

Il fait griller de la viande.
Er grillt Fleisch.

Mickey se réchauffe auprès du feu.
Micky wärmt sich am Feuer.

Mickey adore faire du camping.
Micky zeltet furchtbar gern.

– Na, Goofy, bist du froh, draußen geschlafen zu haben?
– Ja…

– Zum Glück hatte ich meinen warmen Schlafsack!
– Ja… Es war kalt heute nacht…

– Sehr kalt!

les jouets et les jeux • Spielsachen und Spiele

le ballon
der Ball

le mobile
das Mobile

le domino
der Dominostein

l'ours en peluche
der Teddybär

le jeu de dames
das Damespiel

le jeu d'échecs
das Schachspiel

le damier
das Damebrett

le puzzle
das Puzzle

la poupée
die Puppe

le cube
der Bauklotz

Le puzzle n'est pas fini.
Das Puzzle ist nicht fertig.

Il y a du désordre dans la salle de jeux.
Das Spielzimmer ist unordentlich.

La poupée s'appelle Caroline.
Die Puppe heißt Caroline.

– Los, Mack! Ins Bett!
– Ich möchte noch spielen, Micky!

– Geh schlafen!
– Ich habe so viel Spaß mit euch!

– Diese Dominopartie war so langweilig. Ich spiele lieber mit Macks Spielsachen!
– Ich auch!

le zoo • der Zoo

la girafe
die Giraffe

le kangourou
das Känguruh

le cerf
der Hirsch

l'autruche
der Strauß

le pingouin
der Pinguin

le zèbre
das Zebra

Le kangourou saute.
Das Känguruh springt.

le chameau
das Kamel

Le pingouin attrape un poisson.
Der Pinguin fängt einen Fisch.

L'autruche se cache.
Der Strauß versteckt sich.

– Was sagst du da? Mein Strauß soll den anderen Tieren ein schlechtes Beispiel geben?

– Gut, ich gehe in den Zoo und sehe, was dort los ist…

la peinture • das Gemälde

la gomme
der Radiergummi

le crayon
der Bleistift

la règle
das Lineal

Ce tableau est un chef-d'œuvre !
Dieses Bild ist ein Meisterwerk!

Il y a des taches de peinture sur son tablier.
Er hat Farbflecken auf seinem Kittel.

la palette
die Palette

la toile
die Leinwand

le tube de peinture
die Farbtube

le papier
das Papier

le pinceau
der Pinsel

L'artiste peint bien.
Der Künstler malt gut.

Il a fait le portrait de Donald.
Er hat ein Porträt von Donald gemacht.

– Es ist wirklich nicht teuer…
– Ich muß essen! Ich bin ein armer, hungriger Künstler!
– Ich male Ihr Porträt für 2 $.

la musique • die Musik

le piano
das Klavier

la trompette
die Trompete

le chef d'orchestre
der Dirigent

la flûte
die Flöte

Il dirige l'orchestre.
Er dirigiert das Orchester.

la scène
die Bühne

Il joue du violon.
Er spielt Geige.

le violon
die Geige

Le public applaudit.
Das Publikum applaudiert.

– Ich wußte ja gar nicht, daß du hier ein Konzert gibst!
– Ach so?
– Künstlereingang

le concert • das Konzert

C'est un bon musicien.
Er ist ein guter Musiker.

le chanteur
der Sänger

la guitare électrique
die elektrische Gitarre

le saxophone
das Saxophon

le micro
das Mikro

le synthétiseur
der Synthesizer

la batterie
das Schlagzeug

Il chante faux.
Er singt falsch.

Tout le monde danse.
Alle tanzen.

– Musikwettbewerb

– Später
– Eine Harfe?
– Ja, ich habe das Instrument gewechselt!

le cinéma • das Kino

Quel suspense !
Wie spannend!

Le film est effrayant.
Der Film ist unheimlich.

– Ich mag Gruselfilme schrecklich gern... Ich kann die Leinwand nicht sehen...

– Entschuldigen Sie, könnten Sie Ihren Hut abnehmen?

– Ohhhh!

le parc • der Park

Il glisse sur le toboggan.
Er rutscht die Rutschbahn runter.

la fontaine
der Brunnen

le toboggan
die Rutschbahn

le gardien
der Wächter

le banc
die Bank

la balançoire
die Schaukel

la poussette
der Kinderwagen

– Ich habe Durst!

les sports • der Sport

le stade • der Sportplatz

le champion
der Champion

Il saute.
Er springt.

le vainqueur
der Sieger

la piste
die Rennbahn

la médaille
die Medaille

le podium
das Podium

Il a gagné.
Er hat gewonnen.

Dingo court.
Goofy läuft.

– Vergiß die anderen Wettkämpfer! Konzentriere dich auf deinen Lauf: mach die Augen zu und lauf!
– Verlaß dich auf mich!

– Goofy!
– Ziel

– Ich glaube, jetzt darf ich die Augen aufmachen…

l'équipement • die Ausrüstung

le filet à papillons
das Schmetterlingsnetz

le jogging
der Trainingsanzug

les haltères
die Hanteln

Michou aime jouer au ballon.
Mack spielt gern Ball.

le maillot
das Trikot

le short
die Shorts

le patin à roulettes
die Rollschuhe

la planche à roulettes
das Skateboard

Ils sont au gymnase.
Sie sind in der Sporthalle.

Minnie préfère la gymnastique.
Minnie macht lieber Gymnastik.

– Ich muß ein bißchen trainieren.

– So ein starker Schmetterling!

– Hast du aufgehört, Schmetterlinge zu jagen?
– Ja, es ist zu gefährlich!

le tennis de table • das Tischtennis

Dingo est en train de gagner la partie.
Goofy gewinnt gerade das Spiel.

l'arbitre
der Schiedsrichter

la balle
der Tischtennisball

le filet
das Netz

le joueur
der Spieler

la raquette
der Schläger

la table de ping-pong
die Tischtennisplatte

C'est la balle de match.
Dieser Ball hat das Spiel entschieden.

– Du spielst gut, Goofy, aber du gestikulierst zuviel!
– Dieses Spiel begeistert mich so sehr, ich kann nicht stillstehen.

Il ne sait pas skier ; il est tombé.
Er kann nicht Schilaufen; er ist gefallen.

la piste
die Piste

la neige
der Schnee

Il l'aide à se relever.
Er hilft ihm, wieder aufzustehen.

le bonnet
die Mütze

le bonhomme de neige
der Schneemann

l'anorak
der Anorak

la luge
der Schlitten

Il lance une boule de neige.
Er wirft einen Schneeball.

Il neige, c'est l'hiver.
Es schneit, es ist Winter.

Il fait froid.
Es ist kalt.

– Wie schade, daß du nicht beim Rennen mitmachst!
– Ich habe kein Geld, um mir Schier zu kaufen…

– Stärke

– Ich hätte früher daran denken sollen!

la fête • das Fest

la fête de Noël • das Weihnachtsfest

la boule
die Kugel

le père Noël
der Weihnachtsmann

l'arbre de Noël
der Weihnachtsbaum

la cheminée
der Kamin

la guirlande
die Girlande

la bûche
das Holzscheit

Riri admire son cadeau.
Tick bewundert sein Geschenk.

Le père Noël est passé.
Der Weihnachtsmann ist vorbeigekommen.

– Da ist die Pute, Donald!

– Flügel oder Keule?

le pique-nique • das Picknick

le sandwich
das Sandwich

le cerf-volant
der Drachen

Fifi sourit.
Trick lächelt.

la fourmi
die Ameise

l'appareil photo
der Fotoapparat

Riri prend une photo.
Tick macht ein Foto.

le poulet
das Hähnchen

le panier
der Korb

la tomate
die Tomate

C'est un repas froid.
Das ist ein kaltes Essen.

C'est dimanche, tout le monde pique-nique, même les fourmis !
Es ist Sonntag, alle picknicken, sogar die Ameisen!

l'anniversaire • der Geburtstag

Il lui donne un bonbon.
Er gibt ihm einen Bonbon.

Il offre un cadeau à Loulou.
Er macht Track ein Geschenk.

le jus d'orange
der Orangensaft

le gâteau d'anniversaire
der Geburtstagskuchen

la limonade
die Limonade

la tablette de chocolat
die Tafel Schokolade

la sucette
der Lutscher

Fifi souffle les bougies du gâteau.
Trick bläst die Kerzen auf dem Kuchen aus.

C'est l'anniversaire des neveux.
Die Neffen haben Geburtstag.

– Unsere Gäste sind noch nicht da...
– ... für unsere Geburtstagsfeier.
– Können wir das Eis essen?
– Nein, wartet noch ein bißchen!

– Und jetzt...
– Dürfen wir...
– ... es essen?
– Einverstanden! Ihr dürft jetzt!

– Aber zuerst müßt ihr euch umziehen...

– Einladung.

le cirque • der Zirkus

C'est la fin du spectacle.
Das ist das Ende der Vorstellung.

Les artistes défilent.
Die Artisten ziehen vorbei.

– Es ist eine schöne Wohnung, im ersten Stock, zum Hof.
– Das geht nicht. Ich suche eine Wohnung, die auf die Straße geht.
– Zu vermieten

– Ich muß mich beeilen!

– Im zweiten Stock, auf die Straße… daß macht $ 500 im Monat.
– Unwichtig! Ich möchte sie besichtigen!

– Das Wohnzimmer… Sehen Sie nur dieses Gemälde aus dem 14. Jahrhundert…

Anhang

Konjugation der französischen Verben

	Verben auf -*er*	Verben auf -*ir*	Verben auf -*re*
Infinitiv	**chant-*er***	**fin-*ir***	**vend-*re***
Präsens	je chante tu chantes il chante nous chantons vous chantez ils chantent	je finis tu finis il finit nous finissons vous finissez ils finissent	je vends tu vends il vend nous vendons vous vendez ils vendent
Imperfekt	je chantais tu chantais il chantait nous chantions vous chantiez ils chantaient	je finissais tu finissais il finissait nous finissions vous finissiez ils finissaient	je vendais tu vendais il vendait nous vendions vous vendiez ils vendaient
Perfekt	je chantai tu chantas il chanta nous chantâmes vous chantâtes ils chantèrent	je finis tu finis il finit nous finîmes vous finîtes ils finirent	je vendis tu vendis il vendit nous vendîmes vous vendîtes ils vendirent
Zukunft	je chanterai tu chanteras il chantera nous chanterons vous chanterez ils chanteront	je finirai tu finiras il finira nous finirons vous finirez ils finiront	je vendrai tu vendras il vendra nous vendrons vous vendrez ils vendront
Konjunktiv	que je chante que tu chantes qu'il chante que nous chantions que vous chantiez qu'ils chantent	que je finisse que tu finisses qu'il finisse que nous finissions que vous finissiez qu'ils finissent	que je vende que tu vendes qu'il vende que nous vendions que vous vendiez qu'ils vendent
Imperativ	chante chantons chantez	finis finissons finissez	vends vendons vendez
Partizip Präsens	chantant	finissant	vendant
Partizip Perfekt	chanté	fini	vendu

Les nombres • Die Zahlen

Les nombres cardinaux • Kardinalzahlen

zéro	0	null
un	1	eins
deux	2	zwei
trois	3	drei
quatre	4	vier
cinq	5	fünf
six	6	sechs
sept	7	sieben
huit	8	acht
neuf	9	neun
dix	10	zehn

onze	11	elf
douze	12	zwölf
treize	13	dreizehn
quatorze	14	vierzehn
quinze	15	fünfzehn
seize	16	sechzehn
dix-sept	17	siebzehn
dix-huit	18	achtzehn
dix-neuf	19	neunzehn
vingt	20	zwanzig
vingt et un	21	einundzwanzig
vingt-deux	22	zweiundzwanzig
trente	30	dreißig
quarante	40	vierzig
cinquante	50	fünfzig
soixante	60	sechzig

soixante-dix	70	siebzig
soixante-quinze	75	fünfundsiebzig
quatre-vingts	80	achtzig
quatre-vingt-un	81	einundachtzig
quatre-vingt-dix	90	neunzig
quatre-vingt-onze	91	einundneunzig
cent	100	(ein)hundert
cent un	101	(ein)hunderteins
cent deux	102	(ein)hundertzwei
cent cinquante	150	(ein)hundertfünfzig
deux cents	200	zweihundert
deux cent un	201	zweihunderteins
deux cent deux	202	zweihundertzwei
mille	1 000	(ein)tausend
mille un	1 001	(ein)tausendeins
mille deux	1 002	(ein)tausendzwei
deux mille	2 000	zweitausend
un million	1 000 000	eine Million
deux millions	2 000 000	zwei Millionen

Les nombres ordinaux
Ordnungszahlen

premier	1er	1.	der/die erste
deuxième	2^{e}	2.	der/die zweite
troisième	3^{e}	3.	der/die dritte
quatrième	4^{e}	4.	der/die vierte
cinquième	5^{e}	5.	der/die fünfte
sixième	6^{e}	6.	der/die sechste
septième	7^{e}	7.	der/die sieb(en)te
huitième	8^{e}	8.	der/die achte
neuvième	9^{e}	9.	der/die neunte
dixième	10^{e}	10.	der/die zehnte
onzième	11^{e}	11.	der/die elfte
douzième	12^{e}	12.	der/die zwölfte
treizième	13^{e}	13.	der/die dreizehnte
quatorzième	14^{e}	14.	der/die vierzehnte
quinzième	15^{e}	15.	der/die fünfzehnte
seizième	16^{e}	16.	der/die sechzehnte
dix-septième	17^{e}	17.	der/die siebzehnte
dix-huitième	18^{e}	18.	der/die achtzehnte
dix-neuvième	19^{e}	19.	der/die neunzehnte
vingtième	20^{e}	20.	der/die zwanzigste
vingt et unième	21^{e}	21.	der/die einundzwanzigste
vingt-deuxième	22^{e}	22.	der/die zweiundzwanzigste
trentième	30^{e}	30.	der/die dreißigste

Quelle heure est-il ?
Wieviel Uhr ist es?

4.00	**Il est quatre heures.** Es ist vier Uhr.
4.05	**Il est quatre heures cinq.** Es ist fünf (Minuten) nach vier.
4.15	**Il est quatre heures et quart.** Es ist viertel nach vier.

Il est midi.
Es ist zwölf Uhr. / Es ist Mittag.

4.30	**Il est quatre heures et demie.** Es ist halb fünf.
4.45	**Il est cinq heures moins le quart.** Es ist viertel vor fünf.
4.50	**Il est cinq heures moins dix.** Es ist zehn (Minuten) vor fünf.

Il est minuit.
Es ist zwölf Uhr. / Es ist Mitternacht.

la date • das Datum

les jours
die Tage

lundi	Montag
mardi	Dienstag
mercredi	Mittwoch
jeudi	Donnerstag
vendredi	Freitag
samedi	Samstag
dimanche	Sonntag

Jeudi 1er mai 1994
Donnerstag, den 1. Mai 1994

Vendredi 2 mai 1994
Freitag, den 2. Mai 1994

Samedi 3 mai 1994
Samstag, den 3. Mai 1994

Dimanche 4 mai 1994
Sonntag, den 4. Mai 1994

les mois
die Monate

janvier	Januar
février	Februar
mars	März
avril	April
mai	Mai
juin	Juni
juillet	Juli
août	August
septembre	September
octobre	Oktober
novembre	November
décembre	Dezember

Lautschrift und Aussprachehilfe

Vokale

[i] v**i**te, l**y**cée
[e] **été**, donn**er**
[ɛ] **e**lle, m**ai**s

[a] ch**a**t, f**a**cile
[ɑ] p**as**, **â**gé
[ɔ] d**o**nne, f**o**rt
[o] d**os**, ch**au**d, p**eau**

[u] t**ou**t, c**ou**r
[y] cr**u**, s**û**r
[ø] f**eu**, n**œu**d
[œ] **œ**uf, j**eu**ne
[ə] l**e**, d**e**voir

[ɛ̃] v**in**, pl**ein**, f**aim**
[ɑ̃] **en**f**an**t, t**em**ps
[ɔ̃] m**on**ter, n**om**bre
[œ̃] l**un**di, parf**um**

Konsonanten

[p] **p**ain, a**b**solu
[b] **b**eau, a**b**eille
[t] **t**able, bo**tt**e
[d] **d**onner, su**d**
[k] **c**arré, **k**ilo, **qu**i
[g] **g**are, se**c**ond
[f] **f**eu, **ph**rase
[v] **v**oir, **w**agon
[s] **s**onner, **c**erise
[z] cou**s**in, **z**éro
[ʃ] **ch**ose, ca**ch**er
[ʒ] **g**enou, **j**eter
[l] **l**ait, faci**l**e
[ʀ] **r**are, **rh**ume
[m] **m**on, fla**mm**e
[n] **n**ote, pa**nn**e
[ɲ] campa**gn**e
[ŋ] campi**ng**
['] **h**onte

Halbkonsonanten

[j] p**i**ano, vo**y**age
[w] **ou**est, n**ou**er
[ɥ] n**ui**t

Vokabelverzeichnis

Abkürzungen

adj.	Adjektiv
adv.	Adverb
f.	feminin
interj.	Interjektion
inv.	unveränderlich
m.	maskulin
n.	Nomen
nt.	Neutrum
pl.	Plural
v.	Verb

Französisch – Deutsch

A

abeille [abɛj] *n. f.* : Biene **63**
à bientôt ! [abjẽto] *interj.* : bis bald! **8, 22**
accrocher [akʀɔʃe] *v.* : hängen* **67**
acheter [aʃte] *v.* : kaufen **9, 21, 52**
acteur, trice [aktœʀ, tʀis] *n.* : Schauspieler, in **80**
addition [adisjɔ̃] *n. f.* : Addieren *n. nt.* **28**
admirer [admiʀe] *v.* : bewundern **90**
aéroport [aeʀɔpɔʀ] *n. m.* : Flughafen **72**
affamé, ée [afame] *adj.* : hungrig **77**
agent de police [aʒɑ̃dpɔlis] *m.* : Polizist **18**
agité, ée [aʒite] *adj.* : unruhig **66**
aide [ɛd] *n. f.* : Hilfe **26**
aider [ede] *v.* : helfen* **28, 87**
aigle [ɛgl(ə)] *n. m.* : Adler **60, 61**
aiguille [egɥij] *n. f.* : Zeiger *n. m.* **31**
aile [ɛl] *n. f.* : Flügel *n. m.* **90**
aimer [eme] *v.* : lieben **8**; mögen* **57**
allée [ale] *n. f.* : Gang *n. m.* **80**; Gartenweg *n. m.* **8**
aller* [ale] *v.* : gehen* **20, 39, 57, 76**
aller* chercher [aleʃɛʀʃe] : abholen **37**
aller* se coucher [aleskuʃe] : schlafen gehen* **75**
être* **allongé, ée** [ɛtʀalɔ̃ʒe] : liegen* **47**
ambulance [ɑ̃bylɑ̃s] *n. f.* : Krankenwagen *n. m.* **49**
ami, ie [ami] *n.* : Freund, in **27**
amidon [amidɔ̃] *n. m.* : Stärke *n. f.* **87**
s'**amuser** [samyze] *v.* : Spaß haben* **27, 75**; amüsieren *v.* **42**
ananas [anana(s)] *n. m.* : Ananas *n. f.* **53**
ancre [ɑ̃kʀ(ə)] *n. f.* : Anker *n. m.* **65**
animal *pl.* **-maux** [animal, -mo] *n. m.* : Tier *n. nt.* **68, 69, 76**
anniversaire [anivɛʀsɛʀ] *n. m.* : Geburtstag **92**
anorak [anɔʀak] *n. m.* : Anorak **87**
appareil photo [apaʀɛjfɔtɔ] *m.* : Fotoapparat **91**
apparences [apaʀɑ̃s] *n. f. pl.* : Schein *n. m.* **27**
appartement [apaʀtəmɑ̃] *n. m.* : Wohnung *n. f.* **93**
applaudir [aplodiʀ] *v.* : applaudieren **78**
apprendre* [apʀɑ̃dʀ(ə)] *v.* : lernen **27**; beibringen* **30**
aquarium [akwaʀjɔm] *n. m.* : Aquarium *n. nt.* **11**
arbitre [aʀbitʀ(ə)] *n. m.* : Schiedsrichter **86**
arbre [aʀbʀ(ə)] *n. m.* : Baum **8, 60, 90**
argent [aʀʒɑ̃] *n. m.* : Geld *n. nt.* **21**
argent de poche [aʀʒɑ̃dpɔʃ] *m.* : Taschengeld *n. nt.* **28**
armoire [aʀmwaʀ] *n. f.* : Schrank *n. m.* **12**
arrêt de bus [aʀɛd(ə)bys] *m.* : Bushaltestelle *n. f.* **23**
arrivée [aʀive] *n. f.* : Ankunft **72**; Ziel *n. nt.* **84**
arroser [aʀoze] *v.* : gießen* **8**
arrosoir [aʀozwaʀ] *n. m.* : Gießkanne *n. f.* **8**
artiste [aʀtist(ə)] *n.* : Künstler, in **77, 93**
aspect physique [aspɛfizik] *m.* : Aussehen *n. nt.* **36**
assiette [asjɛt] *n. f.* : Teller *n. m.* **14, 54**
être* **assis, se** [ɛtʀasi, siz] : sitzen* **11**
athlète [atlɛt] *n.* : Wettkämpfer, in **84**
attendre* [atɑ̃dʀ(ə)] *v.* : warten **23, 60, 62, 69, 92**
atterrir [ateʀiʀ] *v.* : landen **72**
attraper [atʀape] *v.* : fangen* **76**
augmentation [ɔgmɑ̃tasjɔ̃] *n. f.* : Erhöhung **28**
aujourd'hui [oʒuʀdɥi] *adv.* : heute **27, 60, 72**
au revoir ! [ɔʀvwaʀ] *interj.* : auf Wiedersehen! **8, 14**
au secours ! [ɔskuʀ] *interj.* : Hilfe! **72**
aussi [osi] *adv.* : auch **75**
autobus [ɔtɔbys] *n. m.* : Bus **23**
automne [otɔn] *n. m.* : Herbst **60**
autre [otʀ(ə)] *adj.* : andere(r, s) **76**
autruche [otʀyʃ] *n. f.* : Strauß *n. m.* **76**
avion [avjɔ̃] *n. m.* : Flugzeug *n. nt.* **66, 72**
avoir* besoin [avwaʀbəzwɛ̃] : brauchen **36**
avoir* faim [avwaʀfɛ̃] : hungrig sein* **54**
avoir* mal à la tête [avwaʀmalalatɛt] : Kopfschmerzen haben* **49**
avoir* peur [avwaʀpœʀ] : Angst haben* **10, 69**
avoir* soif [avwaʀswaf] : durstig sein* **54**; Durst haben* **81**

B

baby-sitter [ba(e)bisitœʀ] *n. f.* : Babysitter *n. m.* **37**
bagages [bagaʒ] *n. m. pl.* : Gepäck *n. nt.* **22**
bague [bag] *n. f.* : Ring *n. m.* **43**
baignoire [bɛɲwaʀ] *n. f.* : Badewanne **15**
bâiller [bɑje] *v.* : gähnen **13**
prendre* un **bain** [pʀɑ̃dʀœ̃bɛ̃] : baden **15**
bal [bal] *n. m.* : Ball **39**
balançoire [balɑ̃swaʀ] *n. f.* : Schaukel **81**
balcon [balkɔ̃] *n. m.* : Balkon **9**
balle [bal] *n. f.* : Ball **86**
ballon [balɔ̃] *n. m.* : Ball **75, 85**
banane [banan] *n. f.* : Banane **53**
banc [bɑ̃] *n. m.* : Bank *n. f.* **81**
barbe [baʀb(ə)] *n. f.* : Bart *n. m.* **37**
baromètre [baʀɔmɛtʀ(ə)] *n. m.* : Barometer *n. nt.* **67**
barrette [baʀɛt] *n. f.* : Haarspange **37**
bateau [bato] *n. m.* : Boot *n. nt.* **65**
batterie [batʀi] *n. f.* : Schlagzeug *n. nt.* **79**
beau, bel, belle [bo, bɛl] *adj.* : schön **9, 31, 53, 62, 93**
beaucoup (de) [boku(də)] : viel **41, 56**
bébé [bebe] *n. m.* : Baby *n. nt.* **35, 48**
avoir* **besoin** [avwaʀbəzwɛ̃] : brauchen **36**
beurre [bœʀ] *n. m.* : Butter *n. f.* **55**
bien [bjɛ̃] *adv.* : gut **34, 77, 86**
bientôt [bjɛ̃to] *adv.* : bald **12**
bijoux [biʒu] *n. m. pl.* : Schmuck *n. m.* **43**
bille [bij] *n. f.* : Murmel **27**
billet [bijɛ] *n. m.* : Geldschein **21**
bizarre [bizaʀ] *adj.* : seltsam **42**
blanc, blanche [blɑ̃, blɑ̃ʃ] *adj.* : weiß **29**
bleu, bleue [blø] *adj.* : blau **29**
blond, onde [blɔ̃, ɔ̃d] *adj.* : blond **37**
boire* [bwaʀ] *v.* : trinken* **55**
bois [bwa] *n. m.* : Holz *n. nt.* **74**
bon, bonne [bɔ̃, bɔn] *adj.* : gut **29, 79**
bonbon [bɔ̃bɔ̃] *n. m.* : Bonbon **28, 92**
bonhomme de neige *pl.* **bonshommes** [bɔnɔmdənɛʒ, bɔ̃zɔm] *m.* : Schneemann **87**
bon marché [bɔ̃maʀʃe] *adj. inv.* : billig **21**
bonnet [bɔnɛ] *n. m.* : Mütze *n. f.* **41**; Schimütze *n. f.* **87**
bonnet de nuit [bɔnɛdnɥi] *m.* : Nachtmütze *n. f.* **13**
botte [bɔt] *n. f.* : Stiefel *n. m.* **42**
bottine [bɔtin] *n. f.* : Halbstiefel *n. m.* **42**
bouche [buʃ] *n. f.* : Mund *n. m.* **48**
boucher [buʃe] *n. m.* : Fleischer **20**
boucherie [buʃʀi] *n. f.* : Fleischerei **20**
boucle d'oreille [bukl(ə)dɔʀɛj] *f.* : Ohrring *n. m.* **43**
bouée [bue] *n. f.* : Schwimmring *n. m.* **73**
bougie [buʒi] *n. f.* : Kerze **92**
boulanger, ère [bulɑ̃ʒe, ɛʀ] *n.* : Bäcker, in **20**
boulangerie [bulɑ̃ʒʀi] *n. f.* : Bäckerei **20**
boule [bul] *n. f.* : Kugel **90**
boule de neige [buldənɛʒ] *f.* : Schneeball *n. m.* **87**
bouquet [bukɛ] *n. m.* : Strauß **63**
bouteille [butɛj] *n. f.* : Flasche **56**
boutique [butik] *n. f.* : Laden *n. m.* **20**
bracelet [bʀaslɛ] *n. m.* : Armband *n. nt.* **43**
branche [bʀɑ̃ʃ] *n. f.* : Ast *n. m.* **60**
bras [bʀa] *n. m.* : Arm **35, 47**
briller [bʀije] *v.* : scheinen* **73**; glänzen **43**; leuchten **66**
broche [bʀɔʃ] *n. f.* : Brosche **43**
bronzé, ée [bʀɔ̃ze] *adj.* : braun **73**
brosse à dents [bʀɔsadɑ̃] *f.* : Zahnbürste **15**
se **brosser les dents** [s(ə)bʀɔseledɑ̃] : sich die Zähne putzen **15**
brouillard [bʀujaʀ] *n. m.* : Nebel **62**
brun, une [bʀœ̃, yn] *adj.* : braunhaarig **37**
bûche [byʃ] *n. f.* : Holzscheit *n. nt.* **90**
bureau [byʀo] *n. m.* : Schreibtisch **26**

C

cabine téléphonique [kabintelefɔnik] *f.* : Telefonzelle **19**
se **cacher** [s(ə)kaʃe] *v.* : sich verstecken **76**
cadeau [kado] *n. m.* : Geschenk *n. nt.* **90, 92**
café [kafe] *n. m.* : Kaffee **55**
cafetière [kaftjɛʀ] *n. f.* : Kaffeekanne **55**
cage [kaʒ] *n. f.* : Käfig **93**
cahier [kaje] *n. m.* : Heft *n. nt.* **28**
caillou [kaju] *n. m.* : Kieselstein **64**
caisse [kɛs] *n. f.* : Kasse **21**
caissier, ière [kesje, jɛʀ] *n.* : Kassierer, in **21**
calcul [kalkyl] *n. m.* : Rechnen *n. nt.* **28**
camion [kamjɔ̃] *n. m.* : Lastwagen **23**
campagne [kɑ̃paɲ] *n. f.* : Land *n. nt.* **62**
camping [kɑ̃piŋ] *n. m.* : Campingplatz **74**
faire* du **camping** [fɛʀdykɑ̃piŋ] : zelten **74**
camping-car [kɑ̃piŋkaʀ] *n. m.* : Wohnmobil *n. nt.* **74**
canard [kanaʀ] *n. m.* : Ente *n. f.* **68**
canne à pêche [kanapɛʃ] *f.* : Angel **64**
canoë [kanɔe] *n. m.* : Kanu *n. nt.* **64**
captiver [kaptive] *v.* : fesseln **80**
caravane [kaʀavan] *n. f.* : Wohnwagen *n. m.* **74**
carotte [kaʀɔt] *n. f.* : Karotte **52**
carré [kaʀe] *n. m.* : Quadrat *n. nt.* **30**

carrefour [kaʀfuʀ] *n. m.* : Kreuzung *n. f.* **18**
cartable [kaʀtabl(ə)] *n. m.* : Schulranzen **28**
casquette [kaskɛt] *n. f.* : Schirmmütze **40**
casser [kase] *v.* : kaputtmachen **14**
casserole [kasʀɔl] *n. f.* : Kochtopf *n. m.* **14**
ceinture [sɛ̃tyʀ] *n. f.* : Gürtel *n. m.* **41**
célèbre [selɛbʀ(ə)] *adj.* : berühmt **38**
cercle [sɛʀkl(ə)] *n. m.* : Kreis **30**
céréales [seʀeal] *n. f. pl.* : Müsli *n. nt.* **55**
cerf [sɛʀ] *n. m.* : Hirsch **76**
cerf-volant [sɛʀvɔlɑ̃] *n. m.* : Drachen **66, 91**
cerise [s(ə)ʀiz] *n. f.* : Kirsche **53**
chaîne stéréo [ʃɛnsteʀeo] *f.* : Stereoanlage **11**
chaise [ʃɛz] *n. f.* : Stuhl *n. m.* **54**
chalet [ʃalɛ] *n. m.* : Hütte *n. f.* **61**
chambre [ʃɑ̃bʀ(ə)] *n. f.* : Schlafzimmer *n. nt.* **12**
chameau [ʃamo] *n. m.* : Kamel *n. nt.* **76**
chamois [ʃamwa] *n. m.* : Gemse *n. f.* **61**
champignon [ʃɑ̃piɲɔ̃] *n. m.* : Pilz **60**
champion, onne [ʃɑ̃pjɔ̃, ɔn] *n.* : Champion **84**
chance [ʃɑ̃s] *n. f.* : Glück *n. nt.* **31**
changer [ʃɑ̃ʒe] *v.* : wechseln **79**
se **changer** [s(ə)ʃɑ̃ʒe] *v.* : umziehen* **92**
chanter [ʃɑ̃te] *v.* : singen* **79**
chanteur, euse [ʃɑ̃tœʀ, øz] *n.* : Sänger, in **79**
chapeau [ʃapo] *n. m.* : Hut **40, 80**
chasser [ʃase] *v.* : jagen **38**
chat, chatte [ʃa, ʃat] *n.* : Katze *n. f.* **68**
châtaigne [ʃɑtɛɲ] *n. f.* : Kastanie **60**
château de sable [ʃɑtodsabl(ə)] *m.* : Sandburg *n. f.* **73**
chaussette [ʃosɛt] *n. f.* : Socke **41**
chausson [ʃosɔ̃] *n. m.* : Hausschuh **41**
chaussure [ʃosyʀ] *n. f.* : Schuh *n. m.* **42, 67**
chef [ʃɛf] *n. m.* : Häuptling **38**
chef-d'œuvre [ʃɛdœvʀ(ə)] *n. m.* : Meisterwerk *n. nt.* **77**
chef d'orchestre [ʃɛfdɔʀkɛstʀ(ə)] *m.* : Dirigent **78**
chemin [ʃ(ə)mɛ̃] *n. m.* : Weg **61**
cheminée [ʃ(ə)mine] *n. f.* : Kamin *n. m.* **90**; Schornstein *n. m.* **9**
chemise [ʃ(ə)miz] *n. f.* : Hemd *n. nt.* **41**
chemisier [ʃ(ə)mizje] *n. m.* : Bluse *n. f.* **39**
cher, ère [ʃɛʀ] *adj.* : teuer **21, 77**
chercher [ʃɛʀʃe] *v.* : suchen **93**
aller* **chercher** [aleʃɛʀʃe] : abholen **37**
cheval *pl.* **-vaux** [ʃ(ə)val, -vo] *n. m.* : Pferd *n. nt.* **68**
chevelure [ʃəvlyʀ] *n. f.* : Haar *n. nt.* **37**
cheveux [ʃ(ə)vø] *n. m. pl.* : Haare *n. pl.* **35, 48**
chèvre [ʃɛvʀ(ə)] *n. f.* : Ziege **62**
chevreuil [ʃəvʀœj] *n. m.* : Reh *n. nt.* **61**
chien, chienne [ʃjɛ̃, ʃjɛn] *n.* : Hund, Hündin **68**
chiffre [ʃifʀ(ə)] *n. m.* : Zahl *n. f.* **28**
chocolat [ʃɔkɔla] *n. m.* : Schokolade *n. f.* **92**
choisir [ʃwaziʀ] *v.* : aussuchen **69**
être* au **chômage** [ɛtʀoʃomaʒ] : arbeitslos sein* **36**
chou [ʃu] *n. m.* : Kohl **52**
chouette [ʃwɛt] *n. f.* : Eule **66**
ciel *pl.* **cieux, ciels** [sjɛl, sjø] *n. m.* : Himmel **66**
cil [sil] *n. m.* : Wimper *n. f.* **48**
cinéma [sinema] *n. m.* : Kino *n. nt.* **80**
circulation [siʀkylɑsjɔ̃] *n. f.* : Verkehr *n. m.* **19**
cirque [siʀk(ə)] *n. m.* : Zirkus **93**
citrouille [sitʀuj] *n. f.* : Kürbis *n. m.* **52**
clair, claire [klɛʀ] *adj.* : hell **29**
clairière [klɛʀjɛʀ] *n. f.* : Lichtung **60**
classe [klas] *n. f.* : Klasse **26**
clé [kle] *n. f.* : Schlüssel *n. m.* **9**
clôture [klotyʀ] *n. f.* : Zaun *n. m.* **62**
clown [klun] *n. m.* : Clown **93**
cochon [kɔʃɔ̃] *n. m.* : Schwein *n. nt.* **62, 68**
cœur [kœʀ] *n. m.* : Herz *n. nt.* **49**
collant [kɔlɑ̃] *n. m.* : Strumpfhose *n. f.* **39**
collier [kɔlje] *n. m.* : Halskette *n. f.* **43**
comprendre* [kɔ̃pʀɑ̃dʀ(ə)] *v.* : verstehen* **30**
comptoir [kɔ̃twaʀ] *n. m.* : Theke *n. f.* **21**
se **concentrer** [s(ə)kɔ̃sɑ̃tʀe] *v.* : konzentrieren **84**
concert [kɔ̃sɛʀ] *n. m.* : Konzert *n. nt.* **78, 79**
concours [kɔ̃kuʀ] *n. m.* : Wettbewerb **79**
conducteur, trice [kɔ̃dyktœʀ, tʀis] *n.* : Fahrer, in **23**
conduire* [kɔ̃dɥiʀ] *v.* : fahren* **23, 62**
confiture [kɔ̃fityʀ] *n. f.* : Marmelade **55**
confortable [kɔ̃fɔʀtabl(ə)] *adj.* : bequem **11**
construire* [kɔ̃stʀɥiʀ] *v.* : bauen **64**
content, ente [kɔ̃tɑ̃, ɑ̃t] *adj.* : froh **30, 31, 74**; zufrieden **38**
contrôleur [kɔ̃tʀolœʀ] *n. m.* : Schaffner, in **22**
coq [kɔk] *n. m.* : Hahn **68**
coquillage [kɔkijaʒ] *n. m.* : Muschel *n. f.* **73**
corps [kɔʀ] *n. m.* : Körper **46, 47**
costume [kɔstym] *n. m.* : Anzug *n. m.* **39, 41**
cou [ku] *n. m.* : Hals **46, 69**
coucou [kuku] *n. m.* : Kuckucksuhr *n. f.* **31**
coude [kud] *n. m.* : Ellenbogen **47**
couler [kule] *v.* : fließen* **64**; sinken* **64**
couleur [kulœʀ] *n. f.* : Farbe **29**
couloir [kulwaʀ] *n. m.* : Flur **10**
couper [kupe] *v.* : schneiden* **35**
cour [kuʀ] *n. f.* : Hof *n. m.* **27, 93**
courir* [kuʀiʀ] *v.* : laufen* **27, 69, 84**
course [kuʀs(ə)] *n. f.* : Lauf *n. m.* **84**
faire* les **courses** [fɛʀlekuʀs] : einkaufen **20**
court, courte [kuʀ, kuʀt(ə)] *adj.* : kurz **37, 40**
cousin [kuzɛ̃] *n. m.* : Vetter **34, 36**
couteau [kuto] *n. m.* : Messer *n. nt.* **54**
couverture [kuvɛʀtyʀ] *n. f.* : Decke **12**
cravate [kʀavat] *n. f.* : Krawatte **39**
crayon [kʀɛjɔ̃] *n. m.* : Bleistift **77**
crème [kʀɛm] *n. f.* : Sahne **14**
crier [kʀije] *v.* : schreien* **80**
crocodile [kʀɔkɔdil] *n. m.* : Krokodil *n. nt.* **69**
croire* [kʀwaʀ] *v.* : glauben **9, 35, 43**
cube [kyb] *n. m.* : Bauklotz **75**
cuillère [kɥijɛʀ] *n. f.* : Löffel *n. m.* **54**
cuisine [kɥizin] *n. f.* : Küche **14, 57**
faire* la **cuisine** [fɛʀlakɥizin] : kochen **14**
cuisinière [kɥizinjɛʀ] *n. f.* : Herd *n. m.* **14**
cuisse [kɥis] *n. f.* : Keule **56, 90**

D

d'abord [dabɔʀ] *adv.* : zuerst **92**
d'accord ! [dakɔʀ] *interj.* : einverstanden! **92**
dame [dam] *n. f.* : Dame **22, 23, 46**
damier [damje] *n. m.* : Damebrett *n. nt.* **75**
dangereux, euse [dɑ̃ʒʀø, øz] *adj.* : gefährlich **62, 85**
danser [dɑ̃se] *v.* : tanzen **79**
être* **debout** [ɛtʀədəbu] : stehen* **47**
décider [deside] *v.* : beschließen* **68**
décoller [dekɔle] *v.* : starten **72**
se **défendre*** [s(ə)defɑ̃dʀ(ə)] *v.* : sich verteidigen **80**
défiler [defile] *v.* : vorbeiziehen* **93**
déjeuner [deʒœne] *n. m.* : Mittagessen *n. nt.* **56**
délicieux, ieuse [delisjø, jøz] *adj.* : lecker **56, 60**
demain [d(ə)mɛ̃] *adv.* : morgen **31, 52**
demander son chemin [dəmɑ̃dəsɔ̃ʃmɛ̃] : nach dem Weg fragen **18**
demi-heure [d(ə)mijœʀ] *n. f.* : halbe Stunde **35**
dent [dɑ̃] *n. f.* : Zahn *n. m.* **15, 48**
dentifrice [dɑ̃tifʀis] *n. m.* : Zahnpasta *n. f.* **15**
départ [depaʀ] *n. m.* : Abflug **72**
se **dépêcher** [s(ə)depeʃe] *v.* : sich beeilen **93**
être* **désolé, ée** [ɛtʀədezɔle] : leid tun* **38**
désordre [dezɔʀdʀ(ə)] *n. m.* : Durcheinander *n. nt.* **34**
deuxième [døzjɛm] *adj.* : zweite(r, s) **93**
devoirs [dəvwaʀ] *n. m. pl.* : Hausaufgaben *n. f. pl.* **28**
dinde [dɛ̃d] *n. f.* : Pute **90**
dîner [dine] *n. m.* : Abendessen *n. nt.* **57**
diplôme [diplom] *n. m.* : Diplom *n. nt.* **47**
dire* [diʀ] *v.* : sagen **42, 52**
directeur, trice [diʀɛktœʀ, tʀis] *n.* : Direktor, in **26**
direction [diʀɛksjɔ̃] *n. f.* : Richtung **23**
disque [disk(ə)] *n. m.* : Platte *n. f.* **37**
division [divizjɔ̃] *n. f.* : Dividieren *n. nt.* **28**
doigt [dwa] *n. m.* : Finger **47**
doigt de pied [dwadpje] *m.* : Zehe *n. f.* **47**
dollar [dɔlaʀ] *n. m.* : Dollar **28, 47**
domino [dɔmino] *n. m.* : Dominostein *n. nt.* **75**
dompteur, euse [dɔ̃tœʀ, øz] *n.* : Dompteur *n. m.* **93**
donner [dɔne] *v.* : geben* **92**
dormir* [dɔʀmiʀ] *v.* : schlafen* **13, 74**
dos [do] *n. m.* : Rücken **46**
douane [dwan] *n. f.* : Zoll *n. m.* **72**
douanier, ière [dwanje, jɛʀ] *n.* : Zollbeamte(r), tin **72**
drap [dʀa] *n. m.* : Laken *n. nt.* **12**
dynamite [dinamit] *n. f.* : Sprengstoff *n. m.* **19**

E

eau [o] *n. f.* : Wasser *n. nt.* **57**
éclair [eklɛʀ] *n. m.* : Blitz **67**
école [ekɔl] *n. f.* : Schule **25, 26, 27, 30**
écouter [ekute] *v.* : zuhören **30**
écran [ekʀɑ̃] *n. m.* : Leinwand *n. f.* **80**
écrire* [ekʀiʀ] *v.* : schreiben* **26**
écureuil [ekyʀœj] *n. m.* : Eichhörnchen *n. nt.* **60**
écuyer, ère [ekɥije, ɛʀ] *n.* : Kunstreiter, in **93**
édredon [edʀədɔ̃] *n. m.* : Federbett *n. nt.* **13**
électrique [elɛktʀik] *adj.* : elektrisch **79**
élégant, ante [elegɑ̃, ɑ̃t] *adj.* : elegant **39**
éléphant [elefɑ̃] *n. m.* : Elefant **69**
élève [elɛv] *n.* : Schüler, in **26**
embouteillage [ɑ̃butɛjaʒ] *n. m.* : Stau **18, 19**
émeraude [ɛmʀod] *n. f.* : Smaragd *n. m.* **43**
en colère [ɑ̃kɔlɛʀ] : zornig **57**
encrier [ɑ̃kʀije] *n. m.* : Tintenfaß *n. nt.* **30**
s'**endormir*** [sɑ̃dɔʀmiʀ] *v.* : einschlafen* **62**
énerver [enɛʀve] *v.* : auf die Nerven gehen* **11**
enfant [ɑ̃fɑ̃] *n.* : Kind *n. nt.* **27, 35**
enfin [ɑ̃fɛ̃] *adv.* : endlich **30, 62**
engrais [ɑ̃gʀɛ] *n. m.* : Dünger **52**
épaule [epol] *n. f.* : Schulter **46**
épicerie [episʀi] *n. f.* : Lebensmittelgeschäft *n. nt.* **20**
éponge [epɔ̃ʒ] *n. f.* : Schwamm *n. m.* **14**
équipement [ekipmɑ̃] *n. m.* : Ausrüstung *n. f.* **85**
faire* une **erreur** [fɛʀynɛʀœʀ] : sich verrechnen **28**
escalier [ɛskalje] *n. m.* : Treppe *n. f.* **10**
escarpin [ɛskaʀpɛ̃] *n. m.* : Pumps **42**
espérer [ɛspeʀe] *v.* : hoffen **29**
essayer* [eseje] *v.* : versuchen* **65**
étage [etaʒ] *n. m.* : Stock **93**
étagère [etaʒɛʀ] *n. f.* : Regal *n. nt.* **14**
été [ete] *n. m.* : Sommer **73**
étoile [etwal] *n. f.* : Stern *n. m.* **66**
étonnant, ante [etɔnɑ̃, ɑ̃t] *adj.* : erstaunlich **69**
être* [ɛtʀ(ə)] *v.* : sein* **21, 35, 85**
être* allongé, ée [ɛtʀalɔ̃ʒe] : liegen* **47**
être* au chômage [ɛtʀoʃomaʒ] : arbeitslos sein* **36**
être* debout [ɛtʀədəbu] : stehen* **47**
étroit, oite [etʀwa, wat] *adj.* : schmal **10**
évier [evje] *n. m.* : Spüle *n. f.* **14**
excellent, ente [ɛksɛlɑ̃, ɑ̃t] *adj.* : ausgezeichnet **26**
explication [ɛksplikɑsjɔ̃] *n. f.* : Erklärung **65**
expliquer [ɛksplike] *v.* : erklären **63**

F

facteur [faktœʀ] *n. m.* : Briefträger **18**
avoir* **faim** [avwaʀfɛ̃] : hungrig sein* **54**
faire* du camping [fɛʀdykɑ̃piŋ] : zelten **74**
faire* du ski nautique [fɛʀdyskinotik] : Wasserschi fahren* **65**

faire* la cuisine [fɛʀlakɥizin] : kochen **14**
faire* la vaisselle [fɛʀlavesɛl] : das Geschirr spülen **14**
faire* le ménage [fɛʀləmenaʒ] : putzen **34**
faire* les courses [fɛʀlekuʀs] : einkaufen **20**
famille [famij] *n. f.* : Familie **34**
fané, ée [fane] *adj.* : verblüht **63**
farce [faʀs] *n. f.* : Füllung **20**
farcir [faʀsiʀ] *v.* : füllen **20**
fatigué, ée [fatige] *adj.* : müde **13**
fauteuil [fotœj] *n. m.* : Sessel **11, 80**
femme [fam] *n. f.* : Frau **34, 35, 72**
fenêtre [fənɛtʀ(ə)] *n. f.* : Fenster *n. nt.* **9**
ferme [fɛʀm(ə)] *n. f.* : Bauernhof *n. m.* **68**
fermer [fɛʀme] *v.* : zumachen **84**
fermier, ière [fɛʀmje, jɛʀ] *n.* : Bauer, Bäuerin **68**
fesses [fɛs] *n. f. pl.* : Hintern *n. m.* **46**
fête [fɛt] *n. f.* : Fest *n. nt.* **89**
feu [fø] *n. m.* : Feuer *n. nt.* **74**
feu (de signalisation) [fø(dəsiɲalizasjɔ̃)] *n. m.* : Ampel *n. f.* **18**
feuille [fœj] *n. f.* : Blatt *n. nt.* **60**
fidèle [fidɛl] *adj.* : treu **68**
filet [filɛ] *n. m.* : Netz *n. nt.* **86**
filet à papillons [filɛapapijɔ̃] *m.* : Schmetterlingsnetz *n. nt.* **85**
fille [fij] *n. f.* : Mädchen *n. nt.* **23, 35, 37, 39;** Tochter **34**
film [film] *n. m.* : Film **80**
fils [fis] *n. m.* : Sohn **34**
fin [fɛ̃] *n. f.* : Ende *n. nt.* **93**
flaque [flak] *n. f.* : Pfütze **67**
fleur [flœʀ] *n. f.* : Blume **8, 63**
flûte [flyt] *n. f.* : Flöte **78**
foncé, ée [fɔ̃se] *adj.* : dunkel **29**
fontaine [fɔ̃tɛn] *n. f.* : Brunnen *n. m.* **81**
forêt [fɔʀɛ] *n. f.* : Wald *n. m.* **60**
forme [fɔʀm(ə)] *n. f.* : Form **30**
fort, forte [fɔʀ, fɔʀt(ə)] *adj.* : stark **36, 85**
four [fuʀ] *n. m.* : Ofen **14**
fourchette [fuʀʃɛt] *n. f.* : Gabel **54**
fourmi [fuʀmi] *n. f.* : Ameise **91**
fraise [fʀɛz] *n. f.* : Erdbeere **53**
frange [fʀɑ̃ʒ] *n. f.* : Pony *n. m.* **37**
froid, froide [fʀwa, fʀwad] *adj.* : kalt **74, 87, 91**
fromage [fʀɔmaʒ] *n. m.* : Käse **56**
froncer les sourcils [fʀɔ̃selesuʀsi] : die Stirn runzeln **46**
front [fʀɔ̃] *n. m.* : Stirn *n. f.* **48**
fruit [fʀɥi] *n. m.* : Frucht *n. f.* **53**
fruits [fʀɥi] *n. m. pl.* : Obst *n. nt.* **53**
fumée [fyme] *n. f.* : Rauch *n. m.* **74**

G

gagner [gaɲe] *v.* : gewinnen* **84, 86**
gai, gaie [ge] *adj.* : fröhlich **15**
garage [gaʀaʒ] *n. m.* : Garage *n. f.* **9**
garçon [gaʀsɔ̃] *n. m.* : Junge **35**
garder [gaʀde] *v.* : bewachen **68**
gare [gaʀ] *n. f.* : Bahnhof *n. m.* **22**
gâteau [gato] *n. m.* : Kuchen **14, 92**
gazon [gazɔ̃] *n. m.* : Rasen **8**
genou [ʒ(ə)nu] *n. m.* : Knie *n. nt.* **47**
gens [ʒɑ̃] *n. m. pl.* : Leute *n. pl.* **33**
gentil, ille [ʒɑ̃ti, ij] *adj.* : nett **38**
girafe [ʒiʀaf] *n. f.* : Giraffe **69, 76**
girouette [ʒiʀwɛt] *n. f.* : Wetterhahn *n. m.* **68**
glace [glas] *n. f.* : Eis *n. nt.* **92**
glisser [glise] *v.* : rutschen **81**
gomme [gɔm] *n. f.* : Radiergummi *n. m.* **77**
goûter d'anniversaire [gutedanivɛʀsɛʀ] *m.* : Geburtstagsfeier *n. f.* **92**
grand, grande [gʀɑ̃, gʀɑ̃d] *adj.* : groß **36, 42**
grand-mère [gʀɑ̃mɛʀ] *n. f.* : Großmutter **34**
grand-père [gʀɑ̃pɛʀ] *n. m.* : Großvater **34**
faire* **griller** [fɛʀgʀije] : grillen **74**
gris, grise [gʀi, gʀiz] *adj.* : grau **29**
gros, grosse [gʀo, gʀos] *adj.* : dick **36**
guirlande [giʀlɑ̃d] *n. f.* : Girlande **90**
guitare [gitaʀ] *n. f.* : Gitarre **74, 79**

gymnase [ʒimnɑz] *n. m.* : Sporthalle *n. f.* **85**
gymnastique [ʒimnastik] *n. f.* : Gymnastik **85**

H

s'**habiller** [sabije] *v.* : sich anziehen* **40**
habiter [abite] *v.* : wohnen **9**
haie ['ɛ] *n. f.* : Hecke **8**
haltères [altɛʀ] *n. m. pl.* : Hanteln *n. f. pl.* **85**
hangar [ɑ̃gaʀ] *n. m.* : Flugzeughalle *n. f.* **72**
haricot vert ['aʀikovɛʀ] *m.* : grüne Bohne *n. f.* **52**
harpe ['aʀp(ə)] *n. f.* : Harfe **79**
herbe [ɛʀb(ə)] *n. f.* : Gras *n. nt.* **60**
héros ['eʀo] *n. m.* : Held **80**
heure [œʀ] *n. f.* : Stunde **35;** Zeit **14;** Uhrzeit **31**
heureux, euse [œʀø, øz] *adj.* : glücklich **35**
hippopotame [ipɔpɔtam] *n. m.* : Nilpferd *n. nt.* **69**
hiver [ivɛʀ] *n. m.* : Winter **87**
homme [ɔm] *n. m.* : Mann **35**
hôpital *pl.* **-taux** [ɔ(o)pital, -to] *n. m.* : Krankenhaus *n. nt.* **49**
horloge [ɔʀlɔʒ] *n. f.* : Uhr **22**
hôtesse de l'air [otɛsdəlɛʀ] *f.* : Stewardeß **72**
humain, aine [ymɛ̃, ɛn] *adj.* : menschlich **45**

I

idée [ide] *n. f.* : Idee **66, 68**
immeuble [im(m)œbl(ə)] *n. m.* : Gebäude *n. nt.* **18**
imperméable [ɛ̃pɛʀmeabl(ə)] *n. m.* : Regenmantel **40, 67**
impossible [ɛ̃pɔsibl(ə)] *adj.* : unmöglich **9**
Indien, ienne [ɛ̃djɛ̃, jɛn] *n.* : Indianer, in **38, 64**
indiquer [ɛ̃dike] *v.* : zeigen **31**
infirmière [ɛ̃fiʀmjɛʀ] *n. f.* : Krankenschwester **49**
influence [ɛ̃flyɑ̃s] *n. f.* : Wirkung **26**
inquiet, ète [ɛ̃kjɛ, ɛt] *adj.* : beunruhigt **49**
instrument [ɛ̃stʀymɑ̃] *n. m.* : Instrument *n. nt.* **79**
invitation [ɛ̃vitasjɔ̃] *n. f.* : Einladung **92**
invité, ée [ɛ̃vite] *n.* : Gast *n. m.* **40, 92**
inviter [ɛ̃vite] *v.* : einladen **38**

J

jambe [ʒɑ̃b] *n. f.* : Bein *n. nt.* **47**
jardin [ʒaʀdɛ̃] *n. m.* : Garten **8, 69**
jaune [ʒon] *adj.* : gelb **29**
jean [dʒin] *n. m.* : Jeans *n. pl.* **40**
jetée [ʒ(ə)te] *n. f.* : Mole **65**
jeu [ʒø] *n. m.* : Spiel *n. nt.* **75**
jeu d'échecs [ʒødeʃɛk] *m.* : Schachspiel *n. nt.* **75**
jeu de dames [ʒød(ə)dam] *m.* : Damespiel *n. nt.* **75**
jeune [ʒœn] *adj.* : jung **35**
jogging [dʒɔgiŋ] *n. m.* : Trainingsanzug **85**
joli, ie [ʒɔli] *adj.* : schön **39**
jongleur, euse [ʒɔ̃glœʀ, øz] *n.* : Jongleur *n. m.* **93**
joue [ʒu] *n. f.* : Wange **48**
jouer [ʒue] *v.* : spielen **27, 75, 78, 85, 86**
jouets [ʒwɛ] *n. m. pl.* : Spielsache *n. f.* **75**
joueur, euse [ʒwœʀ, øz] *n.* : Spieler, in **86**
jour [ʒuʀ] *n. m.* : Tag **68**
jupe [ʒyp] *n. f.* : Rock *n. m.* **40**
jupon [ʒypɔ̃] *n. m.* : Unterrock **39**
jus [ʒy] *n. m.* : Saft **92**

K

kangourou [kɑ̃guʀu] *n. m.* : Känguruh *n. nt.* **76**
kilo [kilo] *n. m.* : Kilo *n. nt.* **20**
klaxonner [klaksɔne] *v.* : hupen **19**

L

lacet [lasɛ] *n. m.* : Schnürsenkel **42**
laid, laide [lɛ, lɛd] *adj.* : häßlich **36**
laisser [lese] *v.* : lassen* **13, 54**
lait [lɛ] *n. m.* : Milch *n. f.* **21, 55**
lampe [lɑ̃p] *n. f.* : Lampe **12**
lancer* [lɑ̃se] *v.* : werfen* **87**
langue [lɑ̃g] *n. f.* : Zunge **48**
lapin [lapɛ̃] *n. m.* : Kaninchen *n. nt.* **62**
large [laʀʒ(ə)] *adj.* : weit **40**
lavabo [lavabo] *n. m.* : Waschbecken *n. nt.* **15**
se **laver** [s(ə)lave] *v.* : sich waschen* **15**
légumes [legym] *n. m. pl.* : Gemüse *n. nt.* **52**
se **lever** [s(ə)l(ə)ve] *v.* : aufstehen* **12**
limonade [limɔnad] *n. f.* : Limonade **92**
lion, lionne [ljɔ̃, ljɔn] *n.* : Löwe, in **69**
lire* [liʀ] *v.* : lesen* **11**
lit [li] *n. m.* : Bett *n. nt.* **13**
livre [livʀ(ə)] *n. m.* : Buch *n. nt.* **11, 27, 30**
locomotive [lɔkɔmɔtiv] *n. f.* : Lokomotive **22**
loisirs [lwaziʀ] *n. m. pl.* : Freizeit *n. f.* **71**
long, longue [lɔ̃, lɔ̃g] *adj.* : lang **37, 69**
louche [luʃ] *n. f.* : Suppenkelle **57**
louer [lwe] *v.* : mieten **9;** vermieten **9, 93**
lourd, lourde [luʀ, luʀd(ə)] *adj.* : schwer **22**
luge [lyʒ] *n. f.* : Schlitten *n. m.* **87**
lumière [lymjɛʀ] *n. f.* : Licht *n. nt.* **10**
lune [lyn] *n. f.* : Mond *n. m.* **66**
lunettes [lynɛt] *n. f. pl.* : Brille *n. f.* **46**
lunettes de soleil [lynɛtdəsɔlɛj] *f. pl.* : Sonnenbrille *n. f.* **73**

M

magasin [magazɛ̃] *n. m.* : Geschäft *n. nt.* **20**
maigre [mɛgʀ(ə)] *adj.* : dünn **36**
maillot [majo] *n. m.* : Trikot **85**
maillot de bain [majodbɛ̃] *m.* : Badeanzug **73**
main [mɛ̃] *n. f.* : Hand **47**
maintenant [mɛ̃tnɑ̃] *adv.* : jetzt **66, 72, 92**
maison [mɛzɔ̃] *n. f.* : Haus *n. nt.* **7, 9, 10, 67, 68**
maître, maîtresse [mɛtʀ(ə), mɛtʀɛs] *n.* : Lehrer, in **26**
avoir* **mal à la tête** [avwaʀmalalatɛt] : Kopfschmerzen haben* **49**
malade [malad] *adj.* : krank **49**
maman [mamɑ̃] *n. f.* : Mutti **35**
manger [mɑ̃ʒe] *v.* : essen* **54, 56, 60, 77, 92**
manteau [mɑ̃to] *n. m.* : Mantel **40**
mappemonde [mapmɔ̃d] *n. f.* : Erdkugel **30**
marche [maʀʃ(ə)] *n. f.* : Stufe **10**
mare [maʀ] *n. f.* : Teich *n. m.* **68**
marguerite [maʀgəʀit] *n. f.* : Margerite **63**
mari [maʀi] *n. m.* : Mann **34**
marron [maʀɔ̃] *adj. inv.* : braun **29**
masseur, euse [masœʀ, øz] *n.* : Masseur, in **47**
match [matʃ] *n. m.* : Spiel *n. nt.* **86**
matelas [matla] *n. m.* : Matratze *n. f.* **12**
matin [matɛ̃] *n. m.* : Morgen **52, 62**
médaille [medaj] *n. f.* : Medaille **84**
médecin [mɛdsɛ̃] *n. m.* : Arzt **49**
médicament [medikamɑ̃] *n. m.* : Medizin *n. f.* **14, 49**
meilleur, eure [mɛjœʀ] *adj.* : beste(r, s) **29**
faire* le **ménage** [fɛʀləmenaʒ] : putzen **34**
menton [mɑ̃tɔ̃] *n. m.* : Kinn *n. nt.* **48**
mer [mɛʀ] *n. f.* : Meer *n. nt.* **65**
merci ! [mɛʀsi] *interj.* : danke! **28, 36**
mère [mɛʀ] *n. f.* : Mutter **34**
micro [mikʀo] *n. m.* : Mikro *n. nt.* **79**
miel [mjɛl] *n. m.* : Honig **55**
mieux [mjø] *adv.* : besser **72**
mignon, onne [miɲɔ̃, ɔn] *adj.* : niedlich **48**
minute [minyt] *n. f.* : Minute **31**
miroir [miʀwaʀ] *n. m.* : Spiegel **15**
mite [mit] *n. f.* : Motte **41**
mobile [mɔbil] *n. m.* : Mobile *n. nt.* **75**

mois [mwa] *n. m.* : Monat **93**
monnaie [mɔnɛ] *n. f.* : Wechselgeld *n. nt.* **21**
monsieur *pl.* **messieurs** [məsjø, mesjø] *n. m.* : Herr **23**
montagne [mɔ̃taɲ] *n. f.* : Gebirge *n. nt.* **61**
monter à cheval [mɔ̃teaʃval] : reiten* **68**
montre [mɔ̃tʀ(ə)] *n. f.* : Uhr **31, 48**
montrer [mɔ̃tʀe] *v.* : zeigen **72**
montrer le chemin [mɔ̃tʀelʃəmɛ̃] : den Weg zeigen **18**
moto [mɔto] *n. f.* : Motorrad *n. nt.* **23**
mouette [mwɛt] *n. f.* : Möwe **66**
mouillé, ée [muje] *adj.* : naß **67**
mourir* [muʀiʀ] *v.* : sterben* **49**
moustache [mustaʃ] *n. f.* : Schnurrbart *n. m.* **37**
moyens de transport [mwajɛ̃dtʀɑ̃spɔʀ] *m. pl.* : Verkehrsmittel *n. nt.* **23**
multiplication [myltiplikasjɔ̃] *n. f.* : Multiplizieren *n. nt.* **28**
mur [myʀ] *n. m.* : Mauer *n. f.* **9**
mûr, mûre [myʀ] *adj.* : reif **53**
musclé, ée [myskle] *adj.* : muskulös **47**
musée [myze] *n. m.* : Museum *n. nt.* **61**
musicien, ienne [myzisjɛ̃, jɛn] *n.* : Musiker, in **79**
musique [myzik] *n. f.* : Musik **78, 79**

N

nager* [naʒe] *v.* : schwimmen* **65, 68**
nappe [nap] *n. f.* : Tischdecke **56**
nature [natyʀ] *n. f.* : Natur **59**
navire [naviʀ] *n. m.* : Schiff *n. nt.* **65**
neige [nɛʒ] *n. f.* : Schnee *n. m.* **87**
neiger [neʒe] *v.* : schneien **87**
neuf, neuve [nœf, nœv] *adj.* : neu **39**
neveu [n(ə)vø] *n. m.* : Neffe **55, 92**
niche [niʃ] *n. f.* : Hundehütte **68**
nid [ni] *n. m.* : Nest *n. nt.* **60**
nièce [njɛs] *n. f.* : Nichte **37**
Noël [nɔɛl] *n. m.* : Weihnachten *n. nt.* **90**
nœud papillon [nøpapijɔ̃] *m.* : Fliege *n. f.* **39**
noir, noire [nwaʀ] *adj.* : schwarz **29**
nourriture [nuʀityʀ] *n. f.* : Nahrung **51**
nouveau, vel, velle [nuvo, vɛl] *adj.* : neu **69**
nuage [nɥaʒ] *n. m.* : Wolke *n. f.* **66**
nuit [nɥi] *n. f.* : Nacht **66**

O

œil *pl.* **yeux** [œj, jø] *n. m.* : Auge *n. nt.* **48, 84**
œillet [œjɛ] *n. m.* : Nelke *n. f.* **63**
œuf [œf] *n. m.* : Ei *n. nt.* **55, 60, 61**
oignon [ɔɲɔ̃] *n. m.* : Zwiebel *n. f.* **52**
oiseau [wazo] *n. m.* : Vogel **61, 62**
omelette [ɔmlɛt] *n. f.* : Omelett *n. nt.* **60**
oncle [ɔ̃kl(ə)] *n. m.* : Onkel **14, 34**
or [ɔʀ] *n. m.* : Gold *n. nt.* **43**
orage [ɔʀaʒ] *n. m.* : Sturm **67**
orange [ɔʀɑ̃ʒ] *n. f.* : Orange **53, 92**
orange [ɔʀɑ̃ʒ] *adj. inv.* : orange **29**
orchestre [ɔʀkɛstʀ(ə)] *n. m.* : Orchester *n. nt.* **78**
oreille [ɔʀɛj] *n. f.* : Ohr *n. nt.* **48**
oreiller [ɔʀeje] *n. m.* : Kopfkissen *n. nt.* **13**
os [ɔs] *n. m.* : Knochen **54**
oublier [ublije] *v.* : vergessen* **22, 41, 84**
ours [uʀs] *n. m.* : Bär **30, 38**
ours en peluche [uʀsɑ̃plyʃ] *m.* : Teddybär **75**
ouvrir* [uvʀiʀ] *v.* : aufmachen **84**

P

page [paʒ] *n. f.* : Seite **26**
pain [pɛ̃] *n. m.* : Brot *n. nt.* **55**
palette [palɛt] *n. f.* : Palette **77**
palmier [palmje] *n. m.* : Palme *n. f.* **73**
panier [panje] *n. m.* : Korb **91**
panneau (de signalisation) [pano(dəsiɲalizasjɔ̃)] *n. m.* : Schild *n. nt.* **23**
pantalon [pɑ̃talɔ̃] *n. m.* : Hose *n. f.* **40**
papier [papje] *n. m.* : Papier *n. nt.* **77**
papier peint [papjepɛ̃] *m.* : Tapete *n. f.* **69**
papillon [papijɔ̃] *n. m.* : Schmetterling **85**
paquet [pakɛ] *n. m.* : Paket *n. nt.* **19**
parapluie [paʀaplɥi] *n. m.* : Regenschirm **67**
parasol [paʀasɔl] *n. m.* : Sonnenschirm **73**
parc [paʀk] *n. m.* : Park **81**
parier [paʀje] *v.* : wetten **52**
parking [paʀkiŋ] *n. m.* : Parkplatz **18**
partie [paʀti] *n. f.* : Teil *n. m.* **47;** Partie **75**
passage pour piétons [pasaʒpuʀpjetɔ̃] *m.* : Zebrastreifen **23**
passager, ère [pasaʒe, ɛʀ] *n.* : Fahrgast *n. m.* **23**
passeport [paspɔʀ] *n. m.* : Paß **72**
se **passer** [s(ə)pase] *v.* : los sein* **76**
patin à roulettes [patɛ̃aʀulɛt] *m.* : Rollschuh **85**
pauvre [povʀ(ə)] *adj.* : arm **38, 77**
payer* [peje] *v.* : zahlen **21**
paysage [peizaʒ] *n. m.* : Landschaft *n. f.* **62**
pêche [pɛʃ] *n. f.* : Pfirsich *n. m.* **53**
pêcher [peʃe] *v.* : angeln **64**
pêcheur [peʃœʀ] *n. m.* : Fischer **64**
peigne [pɛɲ] *n. m.* : Kamm **15**
peignoir [pɛɲwaʀ] *n. m.* : Bademantel **15**
peindre* [pɛ̃dʀ(ə)] *v.* : malen **77**
peinture [pɛ̃tyʀ] *n. f.* : Gemälde *n. nt.* **77**
pelle [pɛl] *n. f.* : Schaufel **8**
pelouse [pəluz] *n. f.* : Rasen *n. m.* **8**
penderie [pɑ̃dʀi] *n. f.* : Kleiderschrank *n. m.* **41**
penser [pɑ̃se] *v.* : denken* **87**
père [pɛʀ] *n. m.* : Vater **34**
perle [pɛʀl(ə)] *n. f.* : Perle **43**
personnalité [pɛʀsɔnalite] *n. f.* : Persönlichkeit **38**
peser [pəze] *v.* : wiegen* **20**
pétale [petal] *n. m.* : Blütenblatt *n. nt.* **63**
petit, ite [p(ə)ti, it] *adj.* : klein **36**
petit déjeuner [p(ə)tideʒœne] *m.* : Frühstück *n. nt.* **55**
petit pois [ptipwa] *m.* : Erbse *n. f.* **52**
avoir* **peur** [avwaʀpœʀ] : Angst haben* **10, 69**
peut-être [pøtɛtʀ(ə)] *adv.* : vielleicht **49**
phare [faʀ] *n. m.* : Leuchtturm **65;** Scheinwerfer **19**
photo [fɔtɔ] *n. f.* : Foto *n. nt.* **46, 91**
prendre* une **photo** [pʀɑ̃dʀynfɔtɔ] : ein Foto machen **46, 91**
piano [pjano] *n. m.* : Klavier *n. nt.* **78**
pièce [pjɛs] *n. f.* : Geldstück *n. nt.* **21**
pied [pje] *n. m.* : Fuß **42, 47**
piéton, onne [pjetɔ̃, ɔn] *n.* : Fußgänger, in **19**
pinceau [pɛ̃so] *n. m.* : Pinsel **77**
pingouin [pɛ̃gwɛ̃] *n. m.* : Pinguin **76**
pique-nique [piknik] *n. m.* : Picknick *n. nt.* **91**
piqûre [pikyʀ] *n. f.* : Spritze **49**
piste [pist(ə)] *n. f.* : Piste **87;** Rennbahn **84;** Manege **93**
placard [plakaʀ] *n. m.* : Küchenschrank **14**
plage [plaʒ] *n. f.* : Strand *n. m.* **73**
planche à roulettes [plɑ̃ʃaʀulɛt] *f.* : Skateboard *n. nt.* **85**
plancher [plɑ̃ʃe] *n. m.* : Fußboden **10**
plante [plɑ̃t] *n. f.* : Pflanze **52, 63**
planter [plɑ̃te] *v.* : pflanzen **8**
plante verte [plɑ̃tvɛʀt] *f.* : Grünpflanze **63**
plat [pla] *n. m.* : Platte *n. f.* **54, 56**
plein, pleine [plɛ̃, plɛn] *adj.* : voll **30**
pleuvoir* [pløvwaʀ] *v.* : regnen **52**
pluie [plɥi] *n. f.* : Regen *n. m.* **52, 67**
pneu [pnø] *n. m.* : Reifen **19**
podium [pɔdjɔm] *n. m.* : Podium *n. nt.* **84**
poêle [pwal] *n. f.* : Pfanne **57**
poire [pwaʀ] *n. f.* : Birne **53**
poireau [pwaʀo] *n. m.* : Lauch **52**
poisson [pwasɔ̃] *n. m.* : Fisch **57, 64, 76**
poisson rouge [pwasɔ̃ʀuʒ] *m.* : Goldfisch **11**
poivre [pwavʀ(ə)] *n. m.* : Pfeffer **54**
poivron [pwavʀɔ̃] *n. m.* : Paprika **52**
poli, ie [pɔli] *adj.* : höflich **38**
police [pɔlis] *n. f.* : Polizei **65**
pomme [pɔm] *n. f.* : Apfel *n. m.* **53**
pomme de terre [pɔmdətɛʀ] *f.* : Kartoffel **52**
pont [pɔ̃] *n. m.* : Brücke *n. f.* **64**
port [pɔʀ] *n. m.* : Hafen **65**
porte [pɔʀt] *n. f.* : Tür **9**
portefeuille [pɔʀtəfœj] *n. m.* : Brieftasche *n. f.* **21**
portemanteau [pɔʀtmâto] *n. m.* : Kleiderständer **40, 41**
porte-monnaie [pɔʀtmɔnɛ] *n. m. inv.* : Geldbeutel *n. m.* **21**
porter [pɔʀte] *v.* : tragen* **39, 46;** halten* **35**
portrait [pɔʀtʀɛ] *n. m.* : Porträt *n. nt.* **77**
poser [poze] *v.* : legen **27**
poste [pɔst] *n. f.* : Post **18**
poubelle [pubɛl] *n. f.* : Mülleimer *n. m.* **14**
poulailler [pulaje] *n. m.* : Hühnerstall **68**
poule [pul] *n. f.* : Huhn *n. nt.* **68**
poulet [pulɛ] *n. m.* : Hähnchen *n. nt.* **20, 56, 91**
poupée [pupe] *n. f.* : Puppe **9, 75**
pousser [puse] *v.* : wachsen* **52**
poussette [pusɛt] *n. f.* : Kinderwagen *n. m.* **81**
pouvoir* [puvwaʀ] *v.* : können* **80**
prairie [pʀeʀi] *n. f.* : Wiese **62**
pratique [pʀatik] *adj.* : praktisch **55**
premier, ière [pʀəmje, jɛʀ] *adj.* : erste(r, s) **40, 93**
prendre* une photo [pʀɑ̃dʀynfɔtɔ] : ein Foto machen **46, 91**
presse-fruits [pʀɛsfʀɥi] *n. m. inv.* : Entsafter **36**
printemps [pʀɛ̃tɑ̃] *n. m.* Frühling **8**
prix [pʀi] *n. m.* : Preis **9**
professeur [pʀɔfɛsœʀ] *n. m.* : Lehrer, in **27**
profond, onde [pʀɔfɔ̃, ɔ̃d] *adj.* : tief **64**
projecteur [pʀɔʒɛktœʀ] *n. m.* : Projektor **80**
propre [pʀɔpʀ(ə)] *adj.* : reinlich **15**
provoquer [pʀɔvɔke] *v.* : verursachen **19**
public [pyblik] *n. m.* : Publikum *n. nt.* **78**
pull-over [pylɔvɛʀ] *n. m.* : Pullover **41**
puzzle [pœzl(ə)] *n. m.* : Puzzle *n. nt.* **75**
pyjama [piʒama] *n. m.* : Schlafanzug **13**

Q

quai [ke] *n. m.* : Bahnsteig **22**
question [kɛstjɔ̃] *n. f.* : Frage **27**
queue de cheval [kødʃəval] *f.* : Pferdeschwanz *n. m.* **37**

R

radis [ʀadi] *n. m.* : Radieschen *n. nt.* **52**
raide [ʀɛd] *adj.* : glatt **37**
raisin [ʀɛzɛ̃] *n. m.* : Traube *n. f.* **53**
rampe [ʀɑ̃p] *n. f.* : Geländer *n. nt.* **10**
raquette [ʀakɛt] *n. f.* : Schläger *n. m.* **86**
râteau [ʀɑto] *n. m.* : Rechen **8**
rayure [ʀejyʀ] *n. f.* : Streifen *n. m.* **29**
se **réchauffer** [s(ə)ʀeʃofe] *v.* : sich wärmen **74**
récréation [ʀekʀeɑsjɔ̃] *n. f.* : Pause **27**
rectangle [ʀɛktɑ̃gl(ə)] *n. m.* : Rechteck *n. nt.* **30**
réfrigérateur [ʀefʀiʒeʀatœʀ] *n. m.* : Kühlschrank **57**
regarder la télévision [ʀəgaʀdelateleviziɔ̃] : fernsehen **11**
règle [ʀɛgl(ə)] *n. f.* : Lineal *n. nt.* **77**
repas [ʀ(ə)pɑ] *n. m.* : Essen *n. nt.* **91**
respirer [ʀɛspiʀe] *v.* : atmen **49**
être* en **retard** [ɛtʀɑ̃ʀtaʀ] : sich verspäten **22**
réveil [ʀevɛj] *n. m.* : Wecker **12, 31**
réveille-matin [ʀevɛjmatɛ̃] *n. m. inv.* : Wecker *n. m.* **12**
se **réveiller** [s(ə)ʀeveje] *v.* : wach werden* **12**
revenir* [ʀəvniʀ] *v.* : zurückkommen* **64**
riche [ʀiʃ] *adj.* : reich **38**

rive [ʀiv] *n. f.* : Ufer *n. nt.* **64**
rivière [ʀivjɛʀ] *n. f.* : Fluß *n. m.* **64**
riz [ʀi] *n. m.* : Reis **56**
robe [ʀɔb] *n. f.* : Kleid *n. nt.* **39**
robe de chambre [ʀɔbdəʃɑ̃bʀ(ə)] *f.* : Morgenmantel *n. m.* **13**
robinet [ʀɔbinɛ] *n. m.* : Wasserhahn **15**
rond, ronde [ʀɔ̃, ʀɔ̃d] *adj.* : rund **30**
rose [ʀoz] *n. f.* : Rose **63**
rose [ʀoz] *adj.* : rosa *adj. inv.* **29**
rouge [ʀuʒ] *adj.* : rot **29**
rouler [ʀule] *v.* : rollen **43**
roux, rousse [ʀu, ʀus] *adj.* : rothaarig **37**
rubis [ʀybi] *n. m.* : Rubin **43**
rue [ʀy] *n. f.* : Straße **18, 93**
ruisseau [ʀɥiso] *n. m.* : Bach **62**

S

sable [sɑbl(ə)] *n. m.* : Sand **73**
sac à dos [sakado] *m.* : Rucksack **74**
sac de couchage [sakdəkuʃaʒ] *m.* : Schlafsack **74**
salade [salad] *n. f.* : Salat *n. m.* **52**
sale [sal] *adj.* : schmutzig **15**
salle de bains [saldəbɛ̃] *f.* : Badezimmer *n. nt.* **15**
salle de classe [saldəklas] *f.* : Klassenzimmer *n. nt.* **26**
salle de jeux [saldəʒø] *f.* : Spielzimmer *n. nt.* **75**
salle de séjour [saldəseʒuʀ] *f.* : Wohnzimmer *n. nt.* **11**
salon [salɔ̃] *n. m.* : Wohnzimmer *n. nt.* **69, 93**
sandale [sɑ̃dal] *n. f.* : Sandale **47**
sandwich [sɑ̃dwitʃ] *n. m.* : Sandwich *n. nt.* **91**
santé [sɑ̃te] *n. f.* : Gesundheit **49**
sapin [sapɛ̃] *n. m.* : Tanne *n. f.* **64**
sauter [sote] *v.* : springen* **76, 84**
sauvage [sovaʒ] *adj.* : wild **69**
savoir* [savwaʀ] *v.* : wissen* **29, 41, 60**
savon [savɔ̃] *n. m.* : Seife *n. f.* **15**
saxophone [saksɔfɔn] *n. m.* : Saxophon *n. nt.* **79**
scène [sɛn] *n. f.* : Bühne **78**
seconde [s(ə)gɔ̃d] *n. f.* : Sekunde **31**
sel [sɛl] *n. m.* : Salz *n. nt.* **54**
semaine [s(ə)mɛn] *n. f.* : Woche **28**
seringue [s(ə)ʀɛ̃g] *n. f.* : Spritze **49**
serpent [sɛʀpɑ̃] *n. m.* : Schlange *n. f.* **69**
serrure [sɛʀyʀ] *n. f.* : Schloß *n. nt.* **9**
serviette [sɛʀvjɛt] *n. f.* : Handtuch *n. nt.* **15**; Serviette **54**
shampooing [ʃɑ̃pwɛ̃] *n. m.* : Shampoo *n. nt.* **15**
short [ʃɔʀt] *n. m.* : Shorts *n. pl.* **85**
siècle [sjɛkl(ə)] *n. m.* : Jahrhundert *n. nt.* **93**
singe [sɛ̃ʒ] *n. m.* : Affe **69**
ski [ski] *n. m.* : Schi **87**; Schifahren *n. nt.* **87**
skier [skje] *v.* : Schi laufen* **87**
faire* du **ski nautique** [fɛʀdyskinotik] : Wasserschi fahren* **65**
avoir* **soif** [avwaʀswaf] : durstig sein* **54**; Durst haben* **81**
soigner [swaɲe] *v.* : pflegen **49**
ce **soir** [səswaʀ] : heute abend **39**
sol [sɔl] *n. m.* : Boden **43**
soldes [sɔld(ə)] *n. m. pl.* : Schlußverkauf *n. m.* **31**
soleil [sɔlɛj] *n. m.* : Sonne *n. f.* **62, 73**
solide [sɔlid] *adj.* : stabil **64**
solution [sɔlysjɔ̃] *n. f.* : Lösung **55**
sombre [sɔ̃bʀ(ə)] *adj.* : dunkel **10**
sommet [sɔmɛ] *n. m.* : Gipfel **61**
somnambule [sɔmnɑ̃byl] *n.* : Schlafwandler *n. m.* **57**
sonner [sɔne] *v.* : klingeln **12**; schlagen* **31**
soucoupe volante [sukupvɔlɑ̃t] *f.* : fliegende Untertasse **66**
souffler [sufle] *v.* : blasen* **92**; wehen **65**
soupe [sup] *n. f.* : Suppe **57**
soupière [supjɛʀ] *n. f.* : Suppenschüssel **57**
sourcil [suʀsil] *n. m.* : Augenbraue *n. f.* **48**
sourire* [suʀiʀ] *v.* : lächeln **91**
soustraction [sustʀaksjɔ̃] *n. f.* : Subtrahieren *n. nt.* **28**
spectacle [spɛktakl(ə)] *n. m.* : Vorstellung *n. f.* **93**
spectateur, trice [spɛktatœʀ, tʀis] *n.* : Zuschauer, in **80, 93**
sport [spɔʀ] *n. m.* : Sport **83**
stade [stad] *n. m.* : Sportplatz **84**
stationner [stasjɔne] *v.* : parken **18**
stylo [stilɔ] *n. m.* : Kugelschreiber **28**
sucette [sysɛt] *n. f.* : Lutscher *n. m.* **92**
sucre [sykʀ(ə)] *n. m.* : Zucker **21, 55**
sucrier [sykʀije] *n. m.* : Zuckerdose *n. f.* **55**
supermarché [sypɛʀmaʀʃe] *n. m.* : Supermarkt **20**
supporter [sypɔʀte] *v.* : aushalten* **42**
sûr, sûre [syʀ] *adj.* : sicher **20**
surprise [syʀpʀiz] *n. f.* : Überraschung **14, 38**
surveiller [syʀveje] *v.* : beaufsichtigen **27**
synthétiseur [sɛ̃tetizœʀ] *n. m.* : Synthesizer **79**

T

table [tabl(ə)] *n. f.* : Tisch *n. m.* **54**
tableau [tablo] *n. m.* : Tafel *n. f.* **26**; Bild *n. nt.* **77**; Gemälde *n. nt.* **93**
table de chevet [tabldəʃvɛ] *f.* : Nachttisch *n. m.* **12**
tablier [tablije] *n. m.* : Kittel **77**
tabouret [tabuʀɛ] *n. m.* : Hocker **14**
tache [taʃ] *n. f.* : Fleck *n. m.* **77**
se **taire*** [s(ə)tɛʀ] *v.* : schweigen* **38**
talkie-walkie [tɔkiwɔlki] *n. m.* : Walkie-talkie *n. nt.* **61**
talon [talɔ̃] *n. m.* : Absatz **42**
tante [tɑ̃t] *n. f.* : Tante **34**
tapis [tapi] *n. m.* : Teppich **12**
tapisser [tapise] *v.* : tapezieren **69**
tard [taʀ] *adv.* : spät **13, 29**
tarte [taʀt(ə)] *n. f.* : Obsttorte **56**
tasse [tɑs] *n. f.* : Tasse **55**
taxi [taksi] *n. m.* : Taxi *n. nt.* **23**
tee-shirt [tiʃœʀt] *n. m.* : T-Shirt *n. nt.* **41**
téléphone [telefɔn] *n. m.* : Telefon *n. nt.* **11**
téléphoner [telefɔne] *v.* : telefonieren **19**
télévision [televizjɔ̃] *n. f.* : Fernseher *n. m.* **11**
temps [tɑ̃] *n. m.* : Wetter *n. nt.* **67**
tennis [tenis] *n. m.* : Sportschuh **42**
tennis de table [tenisdətabl] *m.* : Tischtennis *n. nt.* **86**
tente [tɑ̃t] *n. f.* : Zelt *n. nt.* **74**
tête [tɛt] *n. f.* : Kopf *n. m.* **46**
thé [te] *n. m.* : Tee **55**
théière [tejɛʀ] *n. f.* : Teekanne **55**
ticket de bus [tikɛdbys] *m.* : Busfahrschein **28**
tige [tiʒ] *n. f.* : Stengel *n. m.* **63**
timbre [tɛ̃bʀ(ə)] *n. m.* : Briefmarke *n. f.* **21**
tiroir [tiʀwaʀ] *n. m.* : Schublade *n. f.* **41**
toboggan [tɔbɔgɑ̃] *n. m.* : Rutschbahn *n. f.* **81**
toile [twal] *n. f.* : Leinwand **77**
toit [twa] *n. m.* : Dach *n. nt.* **9, 68**
tomate [tɔmat] *n. f.* : Tomate **91**
tomber [tɔ̃be] *v.* : fallen* **60, 87**
tondeuse à gazon [tɔ̃døzagazɔ̃] *f.* : Rasenmäher *n. m.* **8**
tonnerre [tɔnɛʀ] *n. m.* : Donner **67**
torero [tɔʀeʀo] *n. m.* : Torero **40**
torrent [tɔʀɑ̃] *n. m.* : Gebirgsbach **61**
tôt [to] *adv.* : früh **62**
total *pl.* **-taux** [tɔtal, -to] *n. m.* : Summe *n. f.* **28**
toujours [tuʒuʀ] *adv.* : immer **29**
trace [tʀas] *n. f.* : Spur **30**
train [tʀɛ̃] *n. m.* : Zug **22**
travail *pl.* **-vaux** [tʀavaj, -vo] *n. m.* : Arbeit *n. f.* **29, 52**
bien **travailler** [bjɛ̃tʀavaje] : fleißig sein* **26**
traverser (la rue) [tʀavɛʀse(laʀy)] *v.* : über die Straße gehen* **19**
très [tʀɛ] *adv.* : sehr **39, 62**
tresse [tʀɛs] *n. f.* : Zopf *n. m.* **37**
triangle [tʀijɑ̃gl(ə)] *n. m.* : Dreieck *n. nt.* **30**
trompette [tʀɔ̃pɛt] *n. f.* : Trompete **78**
tronc [tʀɔ̃] *n. m.* : Stamm **60**
trop [tʀo] *adv.* : zu **40, 42, 62, 85**
trottoir [tʀɔtwaʀ] *n. m.* : Bürgersteig **18**
trouver [tʀuve] *v.* : finden* **39, 60, 61**
tube de peinture [tybdəpɛtyʀ] *m.* : Farbtube *n. f.* **77**
tulipe [tylip] *n. f.* : Tulpe **63**

V

vacances [vakɑ̃s] *n. f. pl.* : Urlaub *n. m.* **73**; Ferien *n. pl.* **22**
vache [vaʃ] *n. f.* : Kuh **62**
vainqueur [vɛ̃kœʀ] *n. m.* : Sieger **84**
faire* la **vaisselle** [fɛʀlavesɛl] : das Geschirr spülen **14**
valise [valiz] *n. f.* : Koffer *n. m.* **22**
vallée [vale] *n. f.* : Tal *n. nt.* **61**
vase [vɑz] *n. m.* : Vase *n. f.* **11**
veau [vo] *n. m.* : Kalb *n. nt.* **62**
vélo [velo] *n. m.* : Fahrrad *n. nt.* **18, 19**
vendeur, euse [vɑ̃dœʀ, øz] *n.* : Verkäufer, in **21**
vendre* [vɑ̃dʀ(ə)] *v.* : verkaufen **9, 21**
vent [vɑ̃] *n. m.* : Wind **65**
ventre [vɑ̃tʀ(ə)] *n. m.* : Bauch **46**
verre [vɛʀ] *n. m.* : Glas *n. nt.* **14, 54**
vert, verte [vɛʀ, vɛʀt(ə)] *adj.* : grün **18, 29**
veste [vɛst(ə)] *n. f.* : Jacke **39**; Jackett **40**
vêtements [vɛtmɑ̃] *n. m. pl.* : Kleidung *n. f.* **39, 40, 41**
viande [vjɑ̃d] *n. f.* : Fleisch *n. nt.* **56, 74**
vide [vid] *adj.* : leer **30**
vider [vide] *v.* : leeren **57**
vieux, vieil, vieille [vjø, vjɛj] *adj.* : alt **36**
ville [vil] *n. f.* : Stadt **17, 29**
violet, ette [vjɔlɛ, ɛt] *adj.* : violett **29**
violon [vjɔlɔ̃] *n. m.* : Geige *n. f.* **78**
visage [vizaʒ] *n. m.* : Gesicht *n. nt.* **48**
vite [vit] *adv.* : schnell **69**
voie [vwa] *n. f.* : Gleis *n. nt.* **22**
voile [vwal] *n. f.* : Segel *n. nt.* **65**
voir* [vwaʀ] *v.* : sehen* **34, 46, 53, 56, 67, 76, 80**
voiture [vwatyʀ] *n. f.* : Wagen *n. m.* **18, 19**
voler [vole] *v.* : fliegen* **62**
volet [vɔlɛ] *n. m.* : Fensterladen **9**
vouloir* [vulwaʀ] *v.* : wollen* **20, 29, 53**
vrai, vraie [vʀɛ] *adj.* : echt **57, 64**
vraiment [vʀɛmɑ̃] *adv.* : wirklich **55, 77**

W

wagon [vagɔ̃] *n. m.* : Wagen **22**

Y

yaourt [jauʀt] *n. m.* : Yoghurt **56**

Z

zèbre [zɛbʀ(ə)] *n. m.* : Zebra *n. nt.* **69, 76**
zoo [zoo] *n. m.* : Zoo **76**

Deutsch – Französisch

A

Abendessen (-) ['a:bənt,ʔɛsən] *n. nt.* : dîner *n. m.* 57
Abflug (¨e) ['abflu:k] *n. m.* : départ 72
abholen [ab'ho:lən] *v.* : aller* chercher 37
Absatz (¨e) [ap'zats] *n. m.* : talon 42
Addieren (Ø) [a'di:rən] *n. nt.* : addition *n. f.* 28
Adler (-) ['a:dlər] *n. m.* : aigle 60, 61
Affe (en) ['afə] *n. m.* : singe 69
alt [alt] *adj.* : vieux, vieil, vieille 36
Ameise (n) ['a:maɪzə] *n. f.* : fourmi 91
Ampel (n) ['ampəl] *n. f.* : feu (de signalisation) *n. m.* 18
amüsieren [amy'zi:rən] *v.* : s'amuser 42
Ananas (-) ['ananas] *n. f.* : ananas *n. m.* 53
andere(r, s) ['andərə] *adj.* : autre 76
Angel (n) ['aŋəl] *n. f.* : canne à pêche 64
angeln ['aŋəln] *v.* : pêcher 64
Angler (s) ['aŋlər] *n. m.* : pêcheur 64
Angst haben* ['aŋst,habən] : avoir* peur 10, 69
Anker (-) ['aŋkər] *n. m.* : ancre *n. f.* 65
Ankunft (Ø) ['aŋkʊnft] *n. f.* : arrivée 72
Anorak (s) ['anorak] *n. m.* : anorak 87
sich **anziehen*** [zɪç'an,tsi:ən] *v.* : s'habiller 40
Anzug (¨e) ['antsu:k] *n. m.* : costume 39, 41
Apfel (¨) ['apfəl] *n. m.* : pomme *n. f.* 53
applaudieren [aplaʊ'di:rən] *v.* : applaudir 78
Aquarium (rien) [a'kva:riʊm] *n. nt.* : aquarium *n. m.* 11
Arbeit (en) ['arbaɪt] *n. f.* : travail *n. m.* 29, 52
arbeitslos sein* ['arbaɪts,lo:s,zaɪn] : être* au chômage 36
Arm (e) [arm] *n. m.* : bras 35, 47
arm [arm] *adj.* : pauvre 38, 77
Armband (¨er) ['armbant] *n. nt.* : bracelet *n. m.* 43
Artist (en) [ar'tɪst] *n. m.* : artiste 93
Arzt (¨e) [a:rtst] *n. m.* : médecin 49
Ast (¨e) [ast] *n. m.* : branche *n. f.* 60
atmen ['a:tmən] *v.* : respirer 49
auch [aʊx] *adv.* : aussi 75
aufmachen ['aʊf,maxən] *v.* : ouvrir* 84
aufstehen* ['aʊf,ʃte:ən] *v.* : se lever 12
auf Wiedersehen! [,aʊf'vi:dərze:ən] *interj.* : au revoir ! 8, 14
Auge (n) ['aʊgə] *n. nt.* : œil *n. m.* 48, 84
Augenbraue (n) ['aʊgən,braʊə] *n. f.* : sourcil *n. m.* 48
ausgezeichnet ['aʊsgə,tsaɪçnət] *adj.* : excellent, ente 26
aushalten* ['aʊs,haltən] *v.* : supporter 42
Ausrüstung (en) ['aʊs,rʏstʊŋ] *n. f.* : équipement *n. m.* 85
Aussehen (-) ['aʊs,ze:ən] *n. nt.* : aspect physique *m.* 36
aussuchen ['aʊs,zu:xən] *v.* : choisir 69

B

Baby (s) ['be:bi] *n. nt.* : bébé *n. m.* 35, 48
Babysitter (-) ['be:bi,zɪtər] *n. m.* : baby-sitter *n. f.* 37
Bach (¨e) [bax] *n. m.* : ruisseau 62
Bäcker (-), **in** (nen) ['bɛkər] *n.* : boulanger, ère 20
Bäckerei (en) ['bɛkəraɪ] *n. f.* : boulangerie 20
Badeanzug (¨e) ['ba:də,ʔantsu:k] *n. m.* : maillot de bain 73
Bademantel (¨) ['ba:də,mantəl] *n. m.* : peignoir 15
baden ['ba:dən] *v.* : prendre* un bain 15
Badewanne (n) ['ba:də,vanə] *n. f.* : baignoire 15
Badezimmer (-) ['ba:də,tsɪmər] *n. nt.* : salle de bains *f.* 15
Bahnhof (¨e) ['ba:nho:f] *n. m.* : gare *n. f.* 22
Bahnsteig (e) ['ba:nʃtaɪk] *n. m.* : quai 22
bald [balt] *adv.* : bientôt 12
Balkon (s) [bal'kõ:] *n. m.* : balcon 9
Ball (¨e) [bal] *n. m.* : balle *n. f.* 86; ballon 75, 85; bal 35
Banane (n) [ba'na:nə] *n. f.* : banane 53
Bank (¨e) [baŋk] *n. f.* : banc *n. m.* 81
Bär (en) [bɛ:r] *n. m.* : ours 30, 38
Barometer (-) [baro'me:tər] *n. nt.* : baromètre *n. m.* 67
Bart (¨e) [ba:rt] *n. m.* : barbe *n. f.* 37
Bauch (¨e) [baʊx] *n. m.* : ventre 46
bauen ['baʊən] *v.* : construire* 64
Bauer (n), **Bäuerin** (nen) ['baʊər, 'bɔʏərɪn] *n.* : fermier, ière 68
Bauernhof (¨e) ['baʊərnho:f] *n. m.* : ferme *n. f.* 68
Bauklotz (¨e) ['baʊklɔts] *n. m.* : cube 75
Baum (¨e) [baʊm] *n. m.* : arbre 8, 60, 90
beaufsichtigen [bəʔaʊf,zɪçtɪgən] *v.* : surveiller 27
sich **beeilen** [zɪçbəʔaɪlən] *v.* : se dépêcher 93
beibringen* ['baɪ,brɪŋgən] *v.* : apprendre* 30
Bein (e) [baɪn] *n. nt.* : jambe *n. f.* 47
bequem [bə'kve:m] *adj.* : confortable 11
berühmt [bə'ry:mt] *adj.* : célèbre 38
beschließen* [bə'ʃli:sən] *v.* : décider 68
besser ['bɛsər] *adv.* : mieux 72
beste(r, s) ['bɛstə] *adj.* : meilleur, eure 29
Bett (en) [bɛt] *n. nt.* : lit *n. m.* 13
beunruhigt [bə'ʔʊn,ru:ɪkt] *adj.* : inquiet, ète 49
bewachen [bə'vaxən] *v.* : garder 68
bewundern [bə'vʊndərn] *v.* : admirer 90
Biene (n) ['bi:nə] *n. f.* : abeille 63
Bild (er) [bɪlt] *n. nt.* : tableau *n. m.* 77
billig ['bɪlɪç] *adj.* : bon marché *adj. inv.* 21
Birne (n) ['bɪrnə] *n. f.* : poire 53
bis bald! [bɪs'balt] *interj.* : à bientôt ! 8, 22
blasen* ['bla:zən] *v.* : souffler 92
Blatt (¨er) [blat] *n. nt.* : feuille *n. f.* 60
blau [blaʊ] *adj.* : bleu, bleue 29
Bleistift (e) ['blaɪʃtɪft] *n. m.* : crayon 77
Blitz (e) [blɪts] *n. m.* : éclair 67
blond [blɔnt] *adj.* : blond, onde 37
Blume (n) ['blu:mə] *n. f.* : fleur 8, 63
Bluse (n) ['blu:zə] *n. f.* : chemisier *n. m.* 39
Blütenblatt (¨er) ['bly:tən,blat] *n. nt.* : pétale *n. m.* 63
Boden (¨) ['bo:dən] *n. m.* : sol 43
grüne **Bohne** (n) ['gry:nə,bo:nə] *n. f.* : haricot vert *m.* 52
Bonbon (s) [bɔ̃'bɔ̃:] *n. m.* : bonbon 28, 92
Boot (e) [bo:t] *n. nt.* : bateau *n. m.* 65
brauchen ['braʊxən] *v.* : avoir* besoin 36
braun [braʊn] *adj.* : marron *adj. inv.* 29; bronzé, ée 73
braunhaarig ['braʊn,ha:rɪç] *adj.* : brun, une 37
Briefmarke (n) ['bri:f,markə] *n. f.* : timbre *n. m.* 21
Brieftasche (n) ['bri:f,taʃə] *n. f.* : portefeuille *n. m.* 21
Briefträger (-) ['bri:f,trɛgər] *n. m.* : facteur 18
Brille (n) ['brɪlə] *n. f.* : lunettes *n. f. pl.* 46
Brosche (n) ['brɔʃə] *n. f.* : broche 43
Brot (e) [bro:t] *n. nt.* : pain *n. m.* 55
Brücke (n) ['brʏkə] *n. f.* : pont *n. m.* 64
Brunnen (-) ['brʊnən] *n. m.* : fontaine *n. f.* 81
Buch (¨er) [bu:x] *n. nt.* : livre *n. m.* 11, 27, 30
Bühne (n) ['by:nə] *n. f.* : scène 78
Bürgersteig (e) ['bʏrgərʃtaɪk] *n. m.* : trottoir 18
Bus (se) [bʊs] *n. m.* : autobus 23
Busfahrschein (e) ['bʊsfa:rʃaɪn] *n. m.* : ticket de bus 28
Bushaltestelle (n) [bʊs'haltəʃtɛlə] *n. f.* : arrêt de bus *m.* 23
Butter (Ø) ['bʊtər] *n. f.* : beurre *n. m.* 55

C

Campingplatz (¨e) ['kɛmpɪŋ,plats] *n. m.* : camping 74
Champion (s) ['tʃæmpiən] *n.* : champion, onne 84
Clown (s) [klaʊn] *n. m.* : clown 93

D

Dach (¨er) [dax] *n. nt.* : toit *n. m.* 9, 68
Dame (n) ['da:mə] *n. f.* : dame 22, 23, 46
Damebrett (er) ['da:məbrɛt] *n. nt.* : damier *n. m.* 75
Damespiel (e) ['da:məʃpi:l] *n. nt.* : jeu de dames *m.* 75
danke! ['daŋkə] *interj.* : merci! 28, 36
Decke (n) ['dɛkə] *n. f.* : couverture 12
denken* ['dɛŋkən] *v.* : penser 87
dick [dɪk] *adj.* : gros, grosse 36
Diplom (e) [di'plo:m] *n. nt.* : diplôme *n. m.* 47
Direktor (en), **in** (nen) [di'rɛktɔr] *n.* : directeur, trice 26
Dirigent (en) [diri'gɛnt] *n. m.* : chef d'orchestre 78
Dividieren [divi'di:rən] *n. nt.* : division *n. f.* 28
Dollar (s) ['dɔlar] *n. m.* : dollar 28, 47
Dominostein (e) ['do:minoʃtaɪn] *n. nt.* : domino *n. m.* 75
Dompteur (e) [dɔmp'tø:r] *n. m.* : dompteur, euse 93
Donner (-) ['dɔnər] *n. m.* : tonnerre 67
Drachen (-) ['draxən] *n. m.* : cerf-volant 66, 91
Dreieck (e) ['draɪʔɛk] *n. nt.* : triangle *n. m.* 30
Dünger (-) ['dʏŋər] *n. m.* : engrais 52
dunkel ['dʊŋkəl] *adj.* : foncé, ée 29; sombre 10
dünn [dʏn] *adj.* : maigre 36
Durcheinander (-) ['dʊrçʔaɪ,nandər] *n. nt.* : désordre *n. m.* 34
Durst haben* ['dʊrst,ha:bən] : avoir* soif 81
durstig sein* ['dʊrstɪç,zaɪn] : avoir* soif 54

E

echt [ɛçt] *adj.* : vrai, vraie 57, 64
Ei (er) [aɪ] *n. nt.* : œuf *n. m.* 55, 60, 61
Eichhörnchen (-) ['aɪç,hœrnçən] *n. nt.* : écureuil *n. m.* 60
einkaufen ['aɪn,kaʊfən] *v.* : faire* les courses 20
einladen ['aɪn,la:dən] *v.* : inviter 38
Einladung (en) ['aɪn,la:dʊŋ] *n. f.* : invitation 92
einschlafen* ['aɪnʃla:fən] *v.* : s'endormir* 62
einverstanden! ['aɪnfɛrʃtandən] *interj.* : d'accord ! 92
Eis (Ø) [aɪs] *n. nt.* : glace *n. f.* 92
Elefant (en) [ele'fant] *n. m.* : éléphant 69
elegant [ele'gant] *adj.* : élégant, ante 39
elektrisch [e'lɛktrɪʃ] *adj.* : électrique 79
Ellenbogen (-) ['ɛlən,bo:gən] *n. m.* : coude 47
Ende (n) ['ɛndə] *n. nt.* : fin *n. f.* 93
endlich ['ɛntlɪç] *adv.* : enfin 30, 62
Ente (n) ['ɛntə] *n. f.* : canard *n. m.* 68
Entsafter (-) [ɛnt'zaftər] *n. m.* : presse-fruits *n. m. inv.* 36
Erbse (n) ['erpsə] *n. f.* : petit pois *m.* 52
Erdbeere (n) ['e:rt,be:rə] *n. f.* : fraise 53
Erdkugel (n) ['e:rt,ku:gəl] *n. f.* : mappemonde 30

Erhöhung (en) [ɛr'høːʊŋ] *n. f.* : augmentation **28**
erklären [ɛr'klɛːrən] *v.* : expliquer **63**
Erklärung (en) [ɛr'klɛrʊŋ] *n. f.* : explication **65**
erstaunlich [ɛr'ʃtaʊnlɪç] *adj.* : étonnant, ante **69**
erste(r, s) ['ɛrstə] *adj.* : premier, ière **40, 93**
Essen (-) ['ɛsən] *n. nt.* : repas *n. m.* **91**
essen* ['ɛsən] *v.* : manger **54, 56, 60, 77, 92**
Eule (n) ['ɔʏlə] *n. f.* : chouette **66**

F

fahren* ['faːrən] *v.* : conduire* **23, 62**
Fahrer (-), **in** (nen) ['faːrər] *n.* : conducteur, trice **23**
Fahrgast (¨e) ['faːrgast] *n. m.* : passager, ère *n.* **23**
Fahrrad (¨er) ['faːrraːt] *n. nt.* : vélo *n. m.* **18, 19**
fallen* ['falən] *v.* : tomber **60, 87**
Familie (n) [fa'miːliə] *n. f.* : famille **34**
fangen* ['faŋən] *v.* : attraper **76**
Farbe (n) ['farbə] *n. f.* : couleur **29**
Farbtube (n) ['farp,tuːbə] *n. f.* : tube de peinture *m.* **77**
Federbett (en) ['feːdərbɛt] *n. nt.* : édredon *n. m.* **13**
Fenster (-) ['fɛnstər] *n. nt.* : fenêtre *n. f.* **9**
Fensterladen (¨) ['fɛnstər,laːdən] *n. m.* : volet **9**
Ferien ['feːriən] *n. pl.* : vacances *n. f. pl.* **22**
fernsehen ['fɛrnzeːən] *v.* : regarder la télévision **11**
Fernseher (-) ['fɛrnzeːər] *n. m.* : télévision *n. f.* **11**
fesseln ['fɛsəln] *v.* : captiver **80**
Fest (e) [fɛst] *n. nt.* : fête *n. f.* **89**
Feuer (-) ['fɔʏər] *n. nt.* : feu *n. m.* **74**
Film (e) [fɪlm] *n. m.* : film **80**
finden* ['fɪndən] *v.* : trouver **39, 60, 61**
Finger (-) ['fɪŋgər] *n. m.* : doigt **47**
Fisch (e) [fɪʃ] *n. m.* : poisson **57, 64, 76**
Flasche (n) ['flaʃə] *n. f.* : bouteille **56**
Fleck (e) [flɛk] *n. m.* : tache *n. f.* **77**
Fleisch (ø) [flaɪʃ] *n. nt.* : viande *n. f.* **56, 74**
Fleischer (-) ['flaɪʃər] *n. m.* : boucher **20**
Fleischerei (en) ['flaɪʃəraɪ] *n. f.* : boucherie **20**
fleißig sein* ['flaɪsɪç,zaɪn] : bien travailler **26**
Fliege (n) ['fliːgə] *n. f.* : nœud papillon *m.* **39**
fliegen* ['fliːgən] *v.* : voler **62**
fliegende Untertasse ['fliːgəndə,ʊntər,tasə] *f.* : soucoupe volante **66**
fließen* ['fliːsən] *v.* : couler **64**
Flöte (n) ['fløtə] *n. f.* : flûte **78**
Flügel (-) ['flyːgəl] *n. m.* : aile *n. f.* **90**
Flughafen (¨) ['fluːk,haːfən] *n. m.* : aéroport **72**
Flugzeug (e) ['fluːktsɔʏk] *n. m.* : avion **66, 72**
Flugzeughalle (n) ['fluːktsɔʏk,halə] *n. f.* : hangar *n. m.* **72**
Flur (e) [fluːr] *n. m.* : couloir **10**
Fluß (¨sse) [flʊs] *n. m.* : rivière *n. f.* **64**
Form (en) [fɔrm] *n. f.* : forme **30**
Foto (s) ['foːto] *n. nt.* : photo *n. f.* **46, 91**
Fotoapparat (e) ['foːtoʔapa,raːt] *n. m.* : appareil photo **91**
ein **Foto machen** [aɪn'foːto,maxən] : prendre* une photo **46, 91**
Frage (n) ['fraːgə] *n. f.* : question **27**
nach dem Weg **fragen** [naxdem'veːk,fraːgən] : demander son chemin **18**
Frau (en) [fraʊ] *n. f.* : femme **34, 35, 72**
Freizeit ['fraɪtsaɪt] *n. f.* : loisirs *n. m. pl.* **71**
Freund (e), **in** (nen) [frɔʏnt] *n.* : ami, ie **27**
froh [froː] *adj.* : content, ente **30, 31, 74**
fröhlich ['frølɪç] *adj.* : gai, gaie **15**
Frucht (¨e) [frʊxt] *n. f.* : fruit **53**
früh [fryː] *adv.* : tôt **62**
Frühling (e) ['fryːlɪŋ] *n. m.* : printemps **8**
Frühstück (e) ['fryːʃtʏk] *n. nt.* : petit déjeuner *m.* **55**
füllen ['fʏlən] *v.* : farcir **20**
Füllung (en) ['fʏlʊŋ] *n. f.* : farce **20**
Fuß (¨e) [fuːs] *n. m.* : pied **4,2, 47**
Fußboden (¨) ['fuːs,boːdən] *n. m.* : plancher **10**
Fußgänger (-), **in** (nen) ['fuːs,gɛŋər] *n.* : piéton, onne **19**

G

Gabel (n) ['gaːbəl] *n. f.* : fourchette **54**
gähnen ['gɛːnən] *v.* : bâiller **13**
Gang (¨e) [gaŋ] *n. m.* : allée *n. f.* **80**
Garage (n) [ga'raːʒə] *n. f.* : garage *n. m.* **9**
Garten (¨) ['gartən] *n. m.* : jardin **8, 69**
Gartenweg (e) [,gartən'veːk] *n. m.* : allée *n. f.* **8**
Gast (¨e) [gast] *n. m.* : invité, ée **40, 92**
Gebäude (-) [gə'bɔʏdə] *n. nt.* : immeuble *n. m.* **18**
geben* ['geːbən] *v.* : donner **92**
Gebirge (-) [gə'bɪrgə] *n. nt.* : montagne *n. f.* **61**
Gebirgsbach (¨e) [gə'bɪrgs,bax] *n. m.* : torrent **61**
Geburtstag (e) [gə'buːrts,taːk] *n. m.* : anniversaire **92**
Geburtstagsfeier (n) [gə'buːrts,taːks,faɪər] *n. f.* : goûter d'anniversaire *m.* **92**
gefährlich [gə'fɛːrlɪç] *adj.* : dangereux, euse **62, 85**
gehen* ['geːən] *v.* : aller* **20, 39, 57, 76**
schlafen **gehen*** ['ʃlaːfən,geːən] : aller* se coucher **75**
Geige (n) ['gaɪgə] *n. f.* : violon *n. m.* **78**
Geländer (-) [gə'lɛndər] *n. nt.* : rampe *n. f.* **10**
gelb [gɛlp] *adj.* : jaune **29**
Geld (er) [gɛlt] *n. nt.* : argent *n. m.* **21**
Geldbeutel (-) ['gɛlt,bɔʏtəl] *n. m.* : porte-monnaie *n. m. inv.* **21**
Geldschein (e) ['gɛltʃaɪn] *n. m.* : billet **21**
Geldstück (e) ['gɛltʃtʏk] *n. nt.* : pièce *n. f.* **21**
Gemälde (-) [gə'mɛːldə] *n. nt.* : peinture *n. f.* **77**; tableau *n. m.* **93**
Gemse (n) ['gɛmzə] *n. f.* : chamois *n. m.* **61**
Gemüse (-) [gə'myːzə] *n. nt.* : légumes *n. m. pl.* **52**
Gepäck (ø) [gə'pɛk] *n. nt.* : bagages *n. m. pl.* **22**
Geschäft (e) [gə'ʃɛft] *n. nt.* : magasin *n. m.* **20**
Geschenk (e) [gə'ʃɛŋk] *n. nt.* : cadeau *n. m.* **90, 92**
das **Geschirr spülen** [dasgə'ʃɪr,ʃpyːlən] : faire* la vaisselle **14**
Gesicht (er) [gə'zɪçt] *n. nt.* : visage *n. m.* **48**
Gesundheit (ø) [gə'zʊnt,haɪt] *n. f.* : santé **49**
gewinnen* [gə'vɪnən] *v.* : gagner **84, 86**
gießen* ['giːsən] *v.* : arroser **8**
Gießkanne (n) ['giːskanə] *n. f.* : arrosoir *n. m.* **8**
Gipfel (-) ['gɪpfəl] *n. m.* : sommet **61**
Giraffe (n) [gi'rafə] *n. f.* : girafe **69, 76**
Girlande (n) [gɪr'landə] *n. f.* : guirlande **90**
Gitarre (n) [gi'tarə] *n. f.* : guitare **74, 79**
glänzen ['glɛntsən] *v.* : briller **43**
Glas (¨er) [glaːs] *n. nt.* : verre *n. m.* **14, 54**
glatt [glat] *adj.* : raide **37**
glauben ['glaʊbən] *v.* : croire* **9, 35, 43**
Gleis (e) [glaɪs] *n. nt.* : voie *n. f.* **22**
Glück (ø) [glʏk] *n. nt.* : chance *n. f.* **31**
glücklich ['glʏklɪç] *adj.* : heureux, euse **35**
Gold (ø) [gɔlt] *n. nt.* : or *n. m.* **43**
Goldfisch (e) ['gɔltfɪʃ] *n. m.* : poisson rouge **11**
Gras (¨er) [graːs] *n. nt.* : herbe *n. f.* **60**
grau [graʊ] *adj.* : gris, grise **29**
grillen ['grɪlən] *v.* : faire* griller **74**
groß [groːs] *adj.* : grand, grande **36, 42**
Großmutter (¨) ['groːs,mʊtər] *n. f.* : grand-mère **34**
Großvater (¨) ['groːs,fatər] *n. m.* : grand-père **34**
grün [gryːn] *adj.* : vert, verte **18, 29**
Grünpflanze (n) ['gryːn,pflantsə] *n. f.* : plante verte **63**
Gürtel (-) ['gʏrtəl] *n. m.* : ceinture *n. f.* **41**
gut [guːt] *adj.* : bon, bonne **29, 79**
gut [guːt] *adv.* : bien **34, 77, 86**
Gymnastik (ø) [gʏm'nastɪk] *n. f.* : gymnastique **85**

H

Haar (e) [haːr] *n. nt.* : chevelure *n. f.* **37**
Haare ['haːrə] *n. pl.* : cheveux *n. m. pl.* **35, 48**
Haarspange (n) ['haːr,ʃpaŋə] *n. f.* : barrette **37**
Hafen (¨) ['hafən] *n. m.* : port **65**
Hahn (¨e) [haːn] *n. m.* : coq **68**
Hähnchen (-) ['hɛːnçən] *n. nt.* : poulet *n. m.* **20, 56, 91**
halbe Stunde ['halbə'ʃtʊndə] *f.* : demi-heure **35**
Halbstiefel (-) ['halp,ʃtiːfəl] *n. m.* : bottine *n. f.* **42**
Hals (¨e) [hals] *n. m.* : cou **46, 69**
Halskette (n) ['hals,kɛtə] *n. f.* : collier *n. m.* **43**
halten* ['haltən] *v.* : porter **35**
Hand (¨e) [hant] *n. f.* : main **47**
Handtuch (¨er) ['hantuːx] *n. nt.* : serviette *n. f.* **15**
hängen* ['hɛŋən] *v.* : accrocher **67**
Hanteln ['hantəln] *n. f. pl.* : haltères *n. m. pl.* **85**
Harfe (n) ['harfə] *n. f.* : harpe **79**
häßlich ['hɛslɪç] *adj.* : laid, laide **36**
Häuptling (e) ['hɔʏptlɪŋ] *n. m.* : chef **38**
Haus (¨er) [haʊs] *n. nt.* : maison *n. f.* **7, 9, 10, 67, 68**
Hausaufgaben ['haʊs,aʊf,gaːbən] *n. f. pl.* : devoirs *n. m. pl.* **28**
Hausschuh (e) ['haʊsʃuː] *n. m.* : chausson **41**
Hecke (n) ['hɛkə] *n. f.* : haie **8**
Heft (e) [hɛft] *n. nt.* : cahier *n. m.* **28**
Held (en) [hɛlt] *n. m.* : héros **80**
helfen* ['hɛlfən] *v.* : aider **28, 87**
hell [hɛl] *adj.* : clair, claire **29**
Hemd (en) [hɛmt] *n. nt.* : chemise *n. f.* **41**
Herbst (e) [hɛrpst] *n. m.* : automne **60**
Herd (e) [heːrt] *n. m.* : cuisinière *n. f.* **14**
Herr (en) [hɛr] *n. m.* : monsieur **23**
Herz (en) [hɛrts] *n. nt.* : cœur *n. m.* **49**
heute ['hɔʏtə] *adv.* : aujourd'hui **27, 60, 72**
heute abend ['hɔʏtə,abent] : ce soir **39**
Hilfe (n) ['hɪlfə] *n. f.* : aide **26**
Hilfe! ['hɪlfə] *interj.* : au secours ! **72**
Himmel (-) ['hɪməl] *n. m.* : ciel **66**
Hintern (-) ['hɪntərn] *n. m.* : fesses *n. f. pl.* **46**
Hirsch (e) [hɪrʃ] *n. m.* : cerf **76**
Hocker (-) ['hɔkər] *n. m.* : tabouret **14**
Hof (¨e) [hoːf] *n. m.* : cour *n. f.* **27, 93**
hoffen ['hɔfən] *v.* : espérer **29**
höflich ['høːflɪç] *adj.* : poli, ie **38**
Holz (¨er) [hɔlts] *n. nt.* : bois *n. m.* **74**
Holzscheit (e) ['hɔltsʃaɪt] *n. nt.* : bûche *n. f.* **90**
Honig (e) ['hoːnɪç] *n. m.* : miel **55**
Hose (n) ['hoːzə] *n. f.* : pantalon *n. m.* **40**
Huhn (¨er) [huːn] *n. nt.* : poule *n. f.* **68**
Hühnerstall (¨e) ['hyːnər,ʃtal] *n. m.* : poulailler **68**
Hund (e), **Hündin** (nen) [hʊnt, 'hʏndɪn] *n.* : chien, chienne **68**
Hundehütte (n) ['hʊndə,hʏtə] *n. f.* : niche **68**
hungrig ['hʊŋrɪç] *adj.* : affamé, ée **77**
hungrig sein* ['hʊŋrɪç,zaɪn] : avoir* faim **54**
hupen ['huːpən] *v.* : klaxonner **19**
Hut (¨e) [huːt] *n. m.* : chapeau **40, 80**
Hütte (n) ['hʏtə] *n. f.* : chalet *n. m.* **61**

I

Idee (n) [i'deː] *n. f.* : idée **66, 68**
immer ['ɪmər] *adv.* : toujours **29**
Indianer (-), **in** (nen) [ɪndi'aːnər] *n.* : Indien, ienne **38, 64**
Instrument (e) [ɪnstru'mɛnt] *n. nt.* : instrument *n. m.* **79**

J

Jacke (n) ['jakə] *n. f.* : veste **39**
Jackett (s) [ʒa'kɛt] *n. nt.* : veste *n. f.* **40**
jagen ['jaːgən] *v.* : chasser **38**
Jahrhundert (e) [jaːr'hʊndərt] *n. nt.* : siècle *n. m.* **93**
Jeans [dʒiːnz] *n. pl.* : jean *n. m.* **40**
jetzt [jɛtst] *adv.* : maintenant **66, 72, 92**
Jongleur (e) [ʒɔ̃'gløːr] *n. m.* : jongleur, euse **93**
jung [jʊŋ] *adj.* : jeune **35**
Junge (n) ['jʊŋə] *n. m.* : garçon **35**

K

Kaffee (s) ['kafe] *n. m.* : café **55**
Kaffeekanne (n) ['kafe,kanə] *n. f.* : cafetière **55**
Käfig (e) ['kɛːfɪç] *n. f.* : cage **93**
Kalb (¨er) [kalp] *n. nt.* : veau *n. m.* **62**

kalt [kalt] adj. : froid, froide 74, 87, 91
Kamel (e) [ka'meːl] n. nt. : chameau n. m. 76
Kamin (e) [ka'miːn] n. m. : cheminée n. f. 90
Kamm (¨e) [kam] n. m. : peigne 15
Känguruh (s) ['kɛŋguru] n. nt. : kangourou n. m. 76
Kaninchen (-) [ka'niːnçən] n. nt. : lapin n. m. 62
Kanu (s) ['kaːnu] n. nt. : canoë n. m. 64
kaputtmachen [ka'put,maxən] v. : casser 14
Karotte (n) [ka'rɔtə] n. f. : carotte 52
Kartoffel (n) [kar'tɔfəl] n. f. : pomme de terre 52
Käse (-) ['kɛːzə] n. m. : fromage 56
Kasse (n) ['kasə] n. f. : caisse 21
Kassierer (-), **in** (nen) [ka'siːrər] n. : caissier, ière 21
Kastanie (n) [kas'taːniə] n. f. : châtaigne 60
Katze (n) ['katsə] n. f. : chat, chatte 68
kaufen ['kaufən] v. : acheter 9, 21, 52
Kerze (n) ['kɛrtsə] n. f. : bougie 92
Keule (n) ['kɔʏlə] n. f. : cuisse 56, 90
Kieselstein (e) ['kiːzəl,ʃtaɪn] n. m. : caillou 64
Kilo (-) ['kiːlo] n. nt. : kilo n. m. 20
Kind (er) [kɪnt] n. nt. : enfant n. 27, 35
Kinderwagen (-) ['kɪndər,vaːgən] n. m. : poussette n. f. 81
Kinn (e) [kɪn] n. nt. : menton n. m. 48
Kino (s) ['kiːno] n. nt. : cinéma n. m. 80
Kirsche (n) ['kɪrʃə] n. f. : cerise 53
Kittel (-) ['kɪtəl] n. m. : tablier 77
Klasse (n) ['klasə] n. f. : classe 26
Klassenzimmer (-) ['klasən,tsɪmər] n. nt. : salle de classe f. 26
Klavier (e) [kla'viːr] n. nt. : piano n. m. 78
Kleid (er) [klaɪt] n. nt. : robe n. f. 39
Kleiderschrank (¨e) ['klaɪdər,ʃraŋk] n. m. : penderie n. f. 41
Kleiderständer (-) ['klaɪdər,ʃtɛndər] n. m. : portemanteau 40, 41
Kleidung (en) ['klaɪduŋ] n. f. : vêtements n. m. pl. 39, 40, 41
klein [klaɪn] adj. : petit, ite 36
klingeln ['klɪŋəln] v. : sonner 12
Knie (-) [kniː] n. nt. : genou n. m. 47
Knochen (-) ['knɔxən] n. m. : os 54
kochen ['kɔxən] v. : faire* la cuisine 14
Kochtopf (¨e) ['kɔxtɔpf] n. m. : casserole n. f. 14
Koffer (-) ['kɔfər] n. m. : valise n. f. 22
Kohl (e) [koːl] n. m. : chou 52
können* ['kœnən] v. : pouvoir* 80
konzentrieren [kɔntsɛn'triːrən] v. : se concentrer 84
Konzert (e) [kɔn'tsɛrt] n. nt. : concert n. m. 78, 79
Kopf (¨e) [kɔpf] n. m. : tête n. f. 46
Kopfkissen (-) ['kɔpf,kɪsən] n. nt. : oreiller n. m. 13
Kopfschmerzen haben* ['kɔpf,ʃmɛrtsən,haːbən] : avoir* mal à la tête 49
Korb (¨e) [kɔrp] n. m. : panier 91
Körper (-) ['kœrpər] n. m. : corps 46, 47
krank [kraŋk] adj. : malade 49
Krankenhaus (¨er) ['kraŋkən,haus] n. nt. : hôpital n. m. 49
Krankenschwester (n) ['kraŋkən,ʃvɛstər] n. f. : infirmière 49
Krankenwagen (-) ['kraŋkən,vaːgən] n. m. : ambulance n. f. 49
Krawatte (n) [kra'vatə] n. f. : cravate 39
Kreis (e) [kraɪs] n. m. : cercle 30
Kreuzung (en) ['krɔʏtsuŋ] n. f. : carrefour n. m. 18
Krokodil (e) [kroko'diːl] n. nt. : crocodile n. m. 69
Küche (n) ['kʏçə] n. f. : cuisine 14, 57
Kuchen (-) ['kuːxən] n. m. : gâteau 14, 92
Küchenschrank (¨e) ['kʏçən,ʃraŋk] n. m. : placard 14
Kuckucksuhr (en) ['kukuks,ʔuːr] n. f. : coucou n. m. 31
Kugel (n) ['kuːgəl] n. f. : boule 90
Kugelschreiber (-) ['kuːgəl,ʃraɪbər] n. m. : stylo 28
Kuh (¨e) [kuː] n. f. : vache 62
Kühlschrank (¨e) ['kyːlʃraŋk] n. m. : réfrigérateur 57
Künstler (-), **in** (nen) ['kʏnstlər] n. : artiste 77
Kunstreiter (-), **in** (nen) ['kunst,raɪtər] n. : écuyer, ère 93
Kürbis (sse) ['kʏrbɪs] n. m. : citrouille n. f. 52
kurz [kurts] adj. : court, courte 37, 40

L

lächeln ['lɛçəln] v. : sourire* 91
Laden (¨) ['laːdən] n. m. : boutique n. f. 20
Laken (-) ['laːkən] n. nt. : drap n. m. 12
Lampe (n) ['lampə] n. f. : lampe 12
Land (¨er) [lant] n. nt. : campagne n. f. 62
landen ['landən] v. : atterrir 72
Landschaft (en) ['lantʃaft] n. f. : paysage n. m. 62
lang [laŋ] adj. : long, longue 37, 69
lassen* ['lasən] v. : laisser 13, 54
Lastwagen (-) ['last,vaːgən] n. m. : camion 23
Lauch (e) [laux] n. m. : poireau 52
Lauf (¨e) [lauf] n. m. : course n. f. 84
laufen* ['laufən] v. : courir* 27, 69, 84
Lebensmittelgeschäft (e) ['leːbəns,mɪtəlge,ʃɛft] n. nt. : épicerie n. f. 20
lecker ['lɛkər] adj. : délicieux, ieuse 56, 60
leer [leːr] adj. : vide 30
legen ['leːgən] v. : poser 27
Lehrer (-), **in** (nen) ['leːrər] n. : maître, maîtresse 26; professeur n. m. 27
leid tun* ['laɪt,tuːn] : être* désolé, ée 38
Leinwand (¨e) ['laɪnvant] n. f. : écran n. m. 80; toile 77
lernen ['lɛrnən] v. : apprendre* 27
lesen* ['leːzən] v. : lire* 11
leuchten ['lɔʏçtən] v. : briller 66
Leuchtturm (¨e) ['lɔʏçt,turm] n. m. : phare 65
Leute ['lɔʏtə] n. pl. : gens n. m. pl. 33
Licht (er) [lɪçt] n. nt. : lumière n. f. 10
Lichtung (en) ['lɪçtuŋ] n. f. : clairière 60
lieben ['liːbən] v. : aimer 8
liegen* ['liːgən] v. : être* allongé, ée 47
Limonade (n) [limo'naːdə] n. f. : limonade 92
Lineal (e) [line'aːl] n. nt. : règle n. f. 77
Löffel (-) ['lœfəl] n. m. : cuillère n. f. 54
Lokomotive (n) [lokomo'tiːvə] n. f. : locomotive 22
los sein* ['loːszaɪn] : se passer 76
Lösung (en) ['løːzuŋ] n. f. : solution 55
Löwe (n), **Löwin** (nen) ['løːvə] n. : lion, lionne 69
Lutscher (-) ['lutʃər] n. m. : sucette n. f. 92

M

Mädchen (-) ['mɛːtçən] n. nt. : fille n. f. 23, 35, 37, 39
malen ['maːlən] v. : peindre* 77
Manege (n) [ma'neːʒə] n. f. : piste 93
Mann (¨er) [man] n. m. : homme 35;: mari 34
Mantel (¨) ['mantəl] n. m. : manteau 40
Margerite (n) [margə'riːtə] n. f. : marguerite 63
Marmelade (n) [marmə'laːdə] n. f. : confiture 55
Masseur (e), **in** (nen) [ma'søːr] n. : masseur, euse 47
Matratze (n) [ma'tratsə] n. f. : matelas n. m. 12
Mauer (n) ['mauər] n. f. : mur n. m. 9
Medaille (n) [me'dalje] n. f. : médaille 84
Medizin (en) [medi'tsiːn] n. f. : médicament n. m. 14, 49
Meer (e) [meːr] n. nt. : mer n. f. 65
Meisterwerk (e) ['maɪstər,vɛrk] n. nt. : chef-d'œuvre n. m. 77
menschlich ['mɛnʃlɪç] adj. : humain, aine 45
Messer (-) ['mɛsər] n. nt. : couteau n. m. 54
mieten ['miːtən] v. : louer 9
Mikro (s) ['mikro] n. nt. : micro n. m. 79
Milch (Ø) [mɪlç] n. f. : lait n. m. 21, 55
Minute (n) [mi'nuːtə] n. f. : minute 31
Mittagessen (-) ['mɪtaːk,ʔɛsən] n. nt. : déjeuner n. m. 56
Mobile (s) [mo'biːlə] n. nt. : mobile n. m. 75
mögen* ['møːgən] v. : aimer 57
Mole (n) ['moːlə] n. f. : jetée 65
Monat (e) ['moːnat] n. m. : mois 93
Mond (e) [moːnt] n. m. : lune n. f. 66
Morgen (-) ['mɔrgən] n. m. : matin 52, 62
morgen ['mɔrgən] adv. : demain 31, 52
Morgenmantel (¨) ['mɔrgən,mantəl] n. m. : robe de chambre f. 13
Motorrad (¨er) [mo'toːr,rat] n. nt. : moto n. f. 23
Motte (n) ['mɔtə] n. f. : mite 41
Möwe (n) ['møːvə] n. f. : mouette 66
müde ['myːdə] adj. : fatigué, ée 13
Mülleimer (-) ['mʏl,ʔaɪmər] n. m. : poubelle n. f. 14
Multiplizieren (Ø) [multipli'tsiːrən] n. nt. : multiplication n. f. 28
Mund (¨er) [munt] n. m. : bouche n. f. 48
Murmel (n) ['murməl] n. f. : bille 27
Muschel (n) ['muʃəl] n. f. : coquillage n. m. 73
Museum (seen) [mu'zeːum] n. nt. : musée n. m. 61
Musik (en) [mu'ziːk] n. f. : musique 78, 79
Musiker (-), **in** (nen) [mu'ziːkər] n. : musicien, ienne 79
muskulös ['muskulœz] adj. : musclé, ée 47
Müsli (s) ['myzli] n. nt. : céréales n. f. pl. 55
Mutter (¨) ['mutər] n. f. : mère 34
Mutti (s) ['muti] n. f. : maman 35
Mütze (n) ['mʏtsə] n. f. : bonnet n. m. 41

N

Nacht (¨e) [naxt] n. f. : nuit 66
Nachtmütze (n) ['naxt,mʏtsə] n. f. : bonnet de nuit n. m. 13
Nachttisch (e) ['naxt,tɪʃ] n. m. : table de chevet f. 12
Nahrung (Ø) ['naruŋ] n. f. : nourriture 51
naß [nas] adj. : mouillé, ée 67
Natur (en) [na'tuːr] n. f. : nature 59
Nebel (-) ['neːbəl] n. m. : brouillard 62
Neffe (n) ['nɛfə] n. m. : neveu 55, 92
Nelke (n) ['nɛlkə] n. f. : œillet n. m. 63
auf die **Nerven gehen*** [aufdiː'nɛrfən,geːən] : énerver 11
Nest (er) [nɛst] n. nt. : nid n. m. 60
nett [nɛt] adj. : gentil, ille 38
Netz (e) [nɛts] n. nt. : filet n. m. 86
neu [nɔʏ] adj. : nouveau, vel, velle 69; neuf, neuve 39
Nichte (n) ['nɪçtə] n. f. : nièce 37
niedlich ['niːtlɪç] adj. : mignon, onne 48
Nilpferd (e) ['niːlpfeːrt] n. nt. : hippopotame n. m. 69

O

Obst (Ø) [oːpst] n. nt. : fruits n. m. pl. 53
Obsttorte (n) ['oːbst,tɔrtə] n. f. : tarte 56
Ofen (¨) ['oːfən] n. m. : four 14
Ohr (en) [oːr] n. nt. : oreille n. f. 48
Ohrring (e) ['oːr,rɪŋ] n. m. : boucle d'oreille f. 43
Omelett (s) [ɔm(ə)'lɛt] n. nt. : omelette n. f. 60
Onkel (-) ['ɔŋkəl] n. m. : oncle 14, 34
Orange (n) [o'rãːʒə] n. f. : orange 53, 92
orange [o'rãːʒə] adj. : orange adj. inv. 29
Orchester (-) [ɔr'kɛstər] n. nt. : orchestre n. m. 78

P

Paket (e) [pa'keːt] n. nt. : paquet n. m. 19
Palette (n) [pa'lɛtə] n. f. : palette 77
Palme (n) ['palmə] n. f. : palmier n. m. 73
Papier (e) [pa'piːr] n. nt. : papier n. m. 77
Paprika (s) ['paprika] n. m. : poivron 52
Park (s) [park] n. m. : parc 81
parken ['parkən] v. : stationner 18
Parkplatz (¨e) ['parkplats] n. m. : parking 18
Partie (n) [par'tiː] n. f. : partie 75
Paß (¨sse) [pas] n. m. : passeport 72
Pause (n) ['pauzə] n. f. : récréation 27
Perle (n) ['pɛrlə] n. f. : perle 43

Persönlichkeit (en) [pɛr'zø:nlıçkaıt] n. f. : personnalité 38
Pfanne (n) ['pfanə] n. f. : poêle 57
Pfeffer (Ø) ['pfɛfər] n. m. : poivre 54
Pferd (e) ['pfe:rt] n. nt. : cheval n. m. 68
Pferdeschwanz (¨e) ['pfɛrdə,ʃvants] n. m. : queue de cheval f. 37
Pfirsich (e) ['pfırzıç] n. m. : pêche n. f. 53
Pflanze ['pflantsə] n. f. : plante 52, 63
pflanzen ['pflantsən] v. : planter 8
pflegen ['pfle:gən] v. : soigner 49
Pfütze (n) ['pfʏtsə] n. f. : flaque 67
Picknick (s) ['pıknık] n. nt. : pique-nique n. m. 91
Pilz (e) [pılts] n. m. : champignon 60
Pinguin (e) ['pıŋguin] n. m. : pingouin 76
Pinsel (-) ['pınzəl] n. m. : pinceau 77
Piste (n) ['pıstə] n. f. : piste 87
Platte (n) ['platə] n. f. : plat n. m. 54, 56; disque n. m. 37
Podium (dien) ['po:diʊm] n. nt. : podium n. m. 84
Polizei (Ø) [poli'tsaı] n. f. : police 65
Polizist (en) [poli'tsıst] n. m. : agent de police 18
Pony (s) ['pɔni] n. m. : frange n. f. 37
Porträt (s) [pɔr'trɛ:] n. nt. : portrait n. m. 77
Post (Ø) [pɔst] n. f. : poste 18
praktisch ['praktıʃ] adj. : pratique 55
Preis (e) [praıs] n. m. : prix 9
Projektor (en) [pro'jektɔr] n. m. : projecteur 80
Publikum (Ø) ['pu:blikʊm] n. nt. : public n. m. 78
Pullover (-) [pʊ'lo:vər] n. m. : pull-over 41
Pumps (-) [pœmps] n. m. : escarpin 42
Puppe (n) ['pʊpə] n. f. : poupée 9, 75
Pute (n) ['pu:tə] n. f. : dinde 90
putzen ['pʊtsən] v. : faire* le ménage 34
sich die Zähne **putzen** [zıçdi'tsɛ:nə,pʊtsən] : se brosser les dents 15
Puzzle (s) ['pazl] n. nt. : puzzle n. m. 75

Q

Quadrat (e) [kva'dra:t] n. nt. : carré n. m. 30

R

Radiergummi (s) [ra'di:r,gʊmi] n. m. : gomme n. f. 77
Radieschen (-) [ra'di:sçən] n. nt. : radis n. m. 52
Rasen (-) ['ra:zən] n. m. : pelouse n. f. 8; gazon 8
Rasenmäher (-) ['ra:zən,mɛ:ər] n. m. : tondeuse à gazon f. 8
Rauch (Ø) [raʊx] n. m. : fumée n. f. 74
Rechen (-) ['rɛçən] n. m. : râteau 8
Rechnen (Ø) ['rɛçnən] n. nt. : calcul n. m. 28
Rechteck (e) ['rɛçt?ɛk] n. nt. : rectangle n. m. 30
Regal (e) [re'ga:l] n. nt. : étagère n. f. 14
Regen (-) ['re:gən] n. m. : pluie n. f. 52, 67
Regenmantel (¨) ['re:gən,mantəl] n. m. : imperméable 40, 67
Regenschirm (e) ['re:gən,ʃırm] n. m. : parapluie 67
regnen ['re:gnən] v. : pleuvoir* 52
Reh (e) [re:] n. nt. : chevreuil n. m. 61
reich [raıç] adj. : riche 38
reif [raıf] adj. : mûr, mûre 53
Reifen (-) ['raıfən] n. m. : pneu 19
reinlich ['raınliç] adj. : propre 15
Reis (Ø) [raıs] n. m. : riz 56
reiten* ['raıtən] v. : monter à cheval 68
Rennbahn (en) ['rɛnba:n] n. f. : piste 84
Richtung (en) ['rıçtʊŋ] n. f. : direction 23
Ring (e) [rıŋ] n. m. : bague n. f. 43
Rock (¨e) [rɔk] n. m. : jupe n. f. 40
rollen ['rɔlən] v. : rouler 43
Rollschuh (e) ['rɔlʃu:] n. m. : patin à roulettes 85
rosa ['ro:za] adj. inv. : rose adj. 29
Rose (n) ['ro:zə] n. f. : rose 63
rot [ro:t] adj. : rouge 29
rothaarig ['ro:t,ha:rıç] adj. : roux, rousse 37
Rubin (e) [ru'bi:n] n. m. : rubis 43
Rücken (-) ['rʏkən] n. m. : dos 46
Rucksack (¨e) ['rʊkzak] n. m. : sac à dos 74
rund [rʊnt] adj. : rond, ronde 30
die Stirn **runzeln** [di:'ʃtırn,rʊntsəln] : froncer les sourcils 46
Rutschbahn (en) ['rʊtʃba:n] n. f. : toboggan n. m. 81
rutschen ['rʊtʃən] v. : glisser 81

S

Saft (¨e) [zaft] n. m. : jus 92
sagen ['za:gən] v. : dire* 42, 52
Sahne (Ø) ['za:nə] n. f. : crème 14
Salat (e) [za'la:t] n. m. : salade n. f. 52
Salz (e) [zalts] n. nt. : sel n. m. 54
Sand (e) [zant] n. m. : sable 73
Sandale (n) [zan'da:lə] n. f. : sandale 47
Sandburg (en) ['zantbʊrk] n. f. : château de sable m. 73
Sandwich (es) ['sɛ:ndwıtʃ] n. nt. : sandwich n. m. 91
Sänger (-), **in** (nen) ['zɛŋər] n. : chanteur, euse 79
Saxophon (e) [zakso'fo:n] n. nt. : saxophone n. m. 79
Schachspiel (e) ['ʃaxʃpi:l] n. nt. : jeu d'échecs m. 75
Schaffner (-) ['ʃafnər] n. m. : contrôleur 22
Schaufel (n) ['ʃaʊfəl] n. f. : pelle 8
Schaukel (n) ['ʃaʊkəl] n. f. : balançoire 81
Schauspieler, in (-) ['ʃaʊʃpi:lər] n. : acteur, trice 80
Schein (e) [ʃaın] n. m. : apparences n. f. pl. 27
scheinen* ['ʃaınən] v. : briller 73
Scheinwerfer (-) ['ʃaın,vɛrfər] n. m. : phare 19
Schi (er) [ʃi:] n. m. : ski 87
Schiedsrichter (-) ['ʃi:ts,rıçtər] n. m. : arbitre 86
Schifahren ['ʃi:,fa:rən] n. nt. : ski n. m. 87
Schiff (e) [ʃıf] n. nt. : navire n. m. 65
Schi laufen* ['ʃi:,laʊfən] : skier 87
Schild (er) [ʃılt] n. nt. : panneau (de signalisation) n. m. 23
Schimütze (n) ['ʃi:,mʏtsə] n. f. : bonnet n. m. 87
Schirmmütze (n) ['ʃırm,mʏtsə] n. f. : casquette 40
Schlafanzug (¨e) ['ʃla:f,antsu:k] n. m. : pyjama 13
schlafen* ['ʃla:fən] v. : dormir* 13, 74
schlafen gehen* ['ʃla:fən,ge:ən] : aller* se coucher 75
Schlafsack (¨e) ['ʃla:fzak] n. m. : sac de couchage 74
Schlafwandler (-) ['ʃla:f,vandlər] n. m. : somnambule n. 57
Schlafzimmer (-) ['ʃla:f,tsımər] n. nt. : chambre n. f. 12
schlagen* ['ʃla:gən] v. : sonner 31
Schläger (-) ['ʃlɛ:gər] n. m. : raquette n. f. 86
Schlagzeug (e) ['ʃla:ktsɔʏk] n. nt. : batterie n. f. 79
Schlange (n) ['ʃlaŋə] n. f. : serpent n. m. 69
Schlitten (-) ['ʃlıtən] n. m. : luge n. f. 87
Schloß (¨sser) [ʃlɔs] n. nt. : serrure n. f. 9
Schlüssel (-) ['ʃlʏsəl] n. m. : clé n. f. 9
Schlußverkauf (¨e) ['ʃlʊsfɛr,kaʊf] n. m. : soldes n. m. pl. 31
schmal [ʃma:l] adj. : étroit, oite 10
Schmetterling (e) ['ʃmɛtərlıŋ] n. m. : papillon 85
Schmetterlingsnetz (e) ['ʃmɛtərlıŋs,nɛts] n. nt. : filet à papillons m. 85
Schmuck (Ø) [ʃmʊk] n. m. : bijoux n. m. pl. 43
schmutzig ['ʃmʊtsıç] adj. : sale 15
Schnee (Ø) [ʃne:] n. m. : neige n. f. 87
Schneeball ['ʃne:bal] n. m. : boule de neige f. 87
Schneemann (¨er) ['ʃne:man] n. m. : bonhomme de neige 87
schneiden* ['ʃnaıdən] v. : couper 35
schneien ['ʃnaıən] v. : neiger 87
schnell [ʃnɛl] adv. : vite 69
Schnurrbart (¨e) ['ʃnʊrba:rt] n. m. : moustache n. f. 37
Schnürsenkel (-) ['ʃny:rs,ɛŋkəl] n. m. : lacet 42
Schokolade (n) [ʃoko'la:də] n. f. : chocolat n. m. 92
schön [ʃø:n] adj. : beau, bel, belle 9, 31, 53, 62, 93; joli, ie 39
Schornstein (e) ['ʃɔrnʃtaın] n. m. : cheminée n. f. 9
Schrank (¨e) [ʃraŋk] n. m. : armoire n. f. 12
schreiben* ['ʃraıbən] v. : écrire* 26
Schreibtisch (e) ['ʃraıptıʃ] n. m. : bureau 26
schreien* ['ʃraıən] v. : crier 80
Schublade (n) ['ʃu:pla:də] n. f. : tiroir n. m. 41
Schuh (e) [ʃu:] n. m. : chaussure n. f. 42, 67
Schule (n) ['ʃu:lə] n. f. : école 25, 26, 27, 30
Schüler (-), **in** (nen) [ʃy:lər] n. : élève 26
Schulranzen (-) ['ʃu:l,rantsən] n. m. : cartable 28
Schulter (n) ['ʃʊltər] n. f. : épaule 46
Schwamm (¨e) [ʃvam] n. m. : éponge n. f. 14
schwarz [ʃvarts] adj. : noir, noire 29
schweigen* ['ʃvaıgən] v. : se taire* 38
Schwein (e) [ʃvaın] n. nt. : cochon n. m. 62, 68
schwer [ʃve:r] adj. : lourd, lourde 22
schwimmen* ['ʃvımən] v. : nager* 65, 68
Schwimmring (e) ['ʃvımrıŋ] n. m. : bouée n. m. 73
Segel (-) ['ze:gəl] n. nt. : voile n. f. 65
sehen* ['ze:ən] v. : voir* 34, 46, 53, 56, 67, 76, 80
sehr [ze:r] adv. : très 39, 62
Seife (n) ['zaıfə] n. f. : savon n. m. 15
sein* [zaın] v. : être* 21, 35, 85
Seite (n) ['zaıtə] n. f. : page 26
Sekunde (n) [ze'kʊndə] n. f. : seconde 31
seltsam ['zɛltzam] adj. : bizarre 42
Serviette (n) [zɛrvi'ɛtə] n. f. : serviette 54
Sessel (-) ['zɛsəl] n. m. : fauteuil 11, 80
Shampoo (s) [ʃam'pu:] n. nt. : shampooing n. m. 15
Shorts [ʃo:rts] n. pl. : short n. m. 85
sicher ['zıçər] adj. : sûr, sûre 20
Sieger (-) ['zi:gər] n. m. : vainqueur 84
singen* ['zıŋən] : chanter 79
sinken* ['zıŋkən] v. : couler 64
sitzen* ['zıtsən] v. : être* assis, se 11
Skateboard (s) ['skeıtbɔ:d] n. nt. : planche à roulettes f. 85
Smaragd (e) [sma'rakt] n. m. : émeraude n. f. 43
Socke (n) ['zɔkə] n. f. : chaussette 41
Sohn (¨e) [zo:n] n. m. : fils 34
Sommer (-) ['zɔmər] n. m. : été 73
Sonne (n) ['zɔnə] n. f. : soleil n. m. 62, 73
Sonnenbrille (n) ['zɔnən,brılə] n. f. : lunettes de soleil f. pl. 73
Sonnenschirm (e) ['zɔnən,ʃırm] n. m. : parasol 73
Spaß haben* ['ʃpa:s,habən] : s'amuser 27, 75
spät [ʃpɛ:t] adv. : tard 13, 29
Spiegel (-) ['ʃpi:gəl] n. m. : miroir 15
Spiel (e) [ʃpi:l] n. nt. : jeu n. m. 75; match n. m. 86
spielen ['ʃpi:lən] v. : jouer 27, 75, 78, 85, 86
Spieler (-), **in** (nen) ['ʃpi:lər] n. : joueur, euse 86
Spielsache (n) ['ʃpi:l,zaxə] n. f. : jouets n. m. pl. 75
Spielzimmer (-) ['ʃpi:l,tsımər] n. nt. : salle de jeux f. 75
Sport (e) [ʃpɔrt] n. m. : sport 83
Sporthalle (n) ['ʃpɔrt,halə] n. f. : gymnase n. m. 85
Sportplatz (¨e) ['ʃpɔrtplats] n. m. : stade 84
Sportschuh (e) ['ʃpɔrtʃu:] n. m. : tennis 42
Sprengstoff (e) ['ʃprɛŋʃtɔf] n. m. : dynamite n. f. 19
springen* ['ʃprıŋən] v. : sauter 76, 84
Spritze (en) ['ʃprıtsə] n. f. : piqûre 49;: seringue 49
Spüle (n) ['ʃpy:lə] n. f. : évier n. m. 14
das Geschirr **spülen** [dasgə'ʃır,ʃpy:lən] : faire* la vaisselle 14
Spur (en) [ʃpu:r] n. f. : trace 30
stabil [ʃta'bi:l] adj. : solide 64
Stadt (¨e) [ʃtat] n. f. : ville 17, 29
Stamm (¨e) [ʃtam] n. m. : tronc 60
stark [ʃtark] adj. : fort, forte 36, 85
Stärke (n) ['ʃtɛrkə] n. f. : amidon n. m. 87
starten ['ʃtartən] v. : décoller 72
Stau (e) [ʃtaʊ] n. m. : embouteillage 18, 19
stehen* ['ʃte:ən] v. : être* debout 47

Stengel (-) ['ʃtɛŋəl] n. m. : tige n. f. 63
sterben* ['ʃtɛrbən] v. : mourir* 49
Stereoanlage (n) [ʃte'reoan,la:gə] n. f. : chaîne stéréo 11
Stern (e) [ʃtɛrn] n. m. : étoile n. f. 66
Stewardeß (ssen) ['ʃtju:ərdɛs] n. f. : hôtesse de l'air 72
Stiefel (-) ['ʃti:fəl] n. m. : botte n. f. 42
Stirn (en) [ʃtɪrn] n. f. : front n. m. 48
Stock (¨e) [ʃtɔk] n. m. : étage 93
Strand (¨e) [ʃtrant] n. m. : plage n. f. 73
Straße (n) ['ʃtra:sə] n. f. : rue 18, 93
Strauß (¨e) [ʃtraʊs] n. m. : bouquet 63
Strauß (e) [ʃtraʊs] n. m. : autruche n. f. 76
Streifen (-) ['ʃtraɪfən] n. m. : rayure n. f. 29
Strumpfhose (n) ['ʃtrʊmpf,ho:zə] n. f. : collant n. m. 39
Stufe (n) ['ʃtu:fə] n. f. : marche 10
Stuhl (¨e) [ʃtu:l] n. m. : chaise n. f. 54
Stunde (n) ['ʃtʊndə] n. f. : heure 31, 35
Sturm (¨e) [ʃtʊrm] n. m. : orage 67
Subtrahieren (ø) [zʊptra'hi:rən] n. nt. : soustraction n. f. 28
suchen ['zu:xən] v. : chercher 93
Summe (n) ['zʊmən] n. f. : total n. m. 28
Supermarkt (¨e) ['zu:pər,markt] n. m. : supermarché 20
Suppe (n) ['zʊpə] n. f. : soupe 57
Suppenkelle (n) ['zʊpən,kɛlə] n. f. : louche 57
Suppenschüssel ['zʊpən,ʃʏsəl] n. f. : soupière 57
Synthesizer (-) ['sɪnθɪsaɪzər] n. m. : synthétiseur 79

T

Tafel (n) ['ta:fəl] n. f. : tableau n. m. 26
Tag (e) [ta:k] n. m. : jour 68
Tal (¨er) [ta:l] n. nt. : vallée n. f. 61
Tanne (-) ['tanə] n. f. : sapin n. m. 64
Tante (n) ['tantə] n. f. : tante 34
tanzen ['tantsən] v. : danser 79
Tapete (n) [ta'pe:tə] n. f. : papier peint m. 69
tapezieren [tape'tsi:rən] v. : tapisser 69
Taschengeld ['taʃən,gɛlt] n. nt. : argent de poche m. 28
Tasse (n) ['tasə] n. f. : tasse 55
Taxi (s) ['taksi] n. nt. : taxi n. m. 23
Teddybär (en) ['tɛdi,bɛ:r] n. m. : ours en peluche 75
Tee (s) [te:] n. m. : thé 55
Teekanne (n) ['te:,kanə] n. f. : théière 55
Teich (e) [taɪç] n. m. : mare n. f. 68
Teil (e) [taɪl] n. m. : partie n. f. 47
Telefon (e) [tele'fo:n] n. nt. : téléphone n. m. 11
telefonieren [telefoni:rən] v. : téléphoner 19
Telefonzelle (n) [tele'fo:n,tsɛlə] n. f. : cabine téléphonique 19
Teller (-) ['tɛlər] n. m. : assiette n. f. 14, 54
Teppich (e) ['tɛpɪç] n. m. : tapis 12
teuer ['tɔʏər] adj. : cher, ère 21, 77
Theke (n) ['te:kə] n. f. : comptoir n. m. 21
tief [ti:f] adj. : profond, onde 64
Tier (e) [ti:r] n. nt. : animal n. m. 68, 69, 76
Tintenfaß (¨er) ['tɪntən,fas] n. nt. : encrier n. m. 30
Tisch (e) [tɪʃ] n. m. : table n. f. 54
Tischdecke (n) ['tɪʃ,dɛkə] n. f. : nappe 56
Tischtennis (ø) ['tɪʃ,tɛnɪs] n. nt. : tennis de table m. 86
Tochter (¨) ['tɔxtər] n. f. : fille 34
Tomate (n) [to'ma:tə] n. f. : tomate 91
Torero (s) [to'rero] n. m. : torero 40
tragen* ['tra:gən] v. : porter 39, 46
Trainingsanzug (¨e) ['trɛ:nɪŋs,antsu:k] n. m. : jogging 85
Traube (n) ['traʊbə] n. f. : raisin n. m. 53
Treppe (n) ['trɛpə] n. f. : escalier n. m. 10
treu [trɔʏ] adj. : fidèle 68
Trikot (s) [tri'ko:] n. m. : maillot 85
trinken* ['trɪŋkən] v. : boire* 55
Trompete (n) [trɔm'pe:tə] n. f. : trompette 78
T-Shirt (s) ['ti:ʃə:t] n. nt. : tee-shirt n. m. 41
Tulpe (n) ['tʊlpə] n. f. : tulipe 63
Tür (en) [ty:r] n. f. : porte 9

U

über die Straße gehen* [,y:bərdi'ʃtra:sə,ge:ən] : traverser (la rue) 19
Überraschung (en) [,y:bər'raʃʊŋ] n. f. : surprise 14, 38
Ufer (-) ['u:fər] n. nt. : rive n. f. 64
Uhr (en) [u:r] n. f. : montre 31, 48; horloge 22
Uhrzeit (en) ['u:rtsaɪt] n. f. : heure 31
umziehen* [ʊm'tsi:ən] v. : se changer 92
unmöglich ['ʊnmø:klɪç] adj. : impossible 9
unruhig ['ʊn,ru:ɪç] adj. : agité, ée 66
Unterrock (¨e) ['ʊntər,rɔk] n. m. : jupon 39
Urlaub (e) ['u:rlaʊp] n. m. : vacances 73

V

Vase (n) ['va:zə] n. f. : vase n. m. 11
Vater (¨) ['fatər] n. m. : père 34
verblüht [fɛr'bly:t] adj. : fané, ée 63
vergessen* [fɛr'gɛsən] v. : oublier 22, 41, 84
verkaufen [fɛr'kaʊfən] v. : vendre* 9, 21
Verkäufer (-), **in** (nen) [fɛr'kɔʏfər] n. : vendeur, euse 21
Verkehr (ø) [fɛr'ke:r] n. m. : circulation n. f. 19
Verkehrsmittel (-) [fɛr'ke:rs,mɪtəl] n. nt. : moyens de transport m. pl. 23
vermieten [fɛr'mi:tən] v. : louer 9, 93
sich **verrechnen** [zɪç,fɛr'rɛçnən] v. : faire* une erreur 28
sich **verspäten** [zɪç,fɛr'ʃpɛ:tən] v. : être* en retard 22
sich **verstecken** [zɪç,fɛr'ʃtɛkən] v. : se cacher 76
verstehen* [fɛr'ʃte:ən] v. : comprendre* 30
versuchen* [fɛr'zu:xən] v. : essayer* 65
sich **verteidigen** [zɪç,fɛr'taɪdigən] v. : se défendre* 80
verursachen [fɛr'ʔu:r,zaxən] v. : provoquer 19
Vetter (n) ['fɛtər] n. m. : cousin 34, 36
viel [fi:l] adj. : beaucoup (de) 41
viel [fi:l] adv. : beaucoup 56
vielleicht [fi'laɪçt] adv. : peut-être 49
violett [vio'lɛt] adj. : violet, ette 29
Vogel (¨) ['fo:gəl] n. m. : oiseau 61, 62
voll [fɔl] adj. : plein, pleine 30
vorbeiziehen* [fɔr'baɪ,tsi:ən] v. : défiler 93
Vorstellung (en) ['fɔr,ʃtɛlʊŋ] n. f. : spectacle n. m. 93

W

wachsen* ['vaksən] v. : pousser 52
wach werden* ['vax,ve:rdən] : se réveiller 12
Wagen (-) ['va:gən] n. m. : voiture n. f. 18, 19; wagon n. m. 22
Wald (¨er) [valt] n. m. : forêt n. f. 60
Walkie-talkie (s) ['wɔ:kɪ,tɔ:kɪ] n. nt. : talkie-walkie n. m. 61
Wange (n) ['vaŋə] n. f. : joue 48
sich **wärmen** [zɪç'vermən] v. : se réchauffer 74
warten ['vartən] v. : attendre* 23, 60, 62, 69, 92
Waschbecken (-) ['vaʃ,bɛkən] n. nt. : lavabo n. m. 15
sich **waschen*** [zɪç'vaʃən] v. : se laver 15
Wasser (-) ['vasər] n. nt. : eau n. f. 57
Wasserhahn (¨e) ['vasərha:n] n. m. : robinet 15
Wasserschi fahren* ['vasər,ʃi:,fa:rən] : faire* du ski nautique 65
Wechselgeld (er) ['vɛksəl,gɛlt] n. nt. : monnaie n. f. 21
wechseln ['vɛksəln] v. : changer 79
Wecker (-) ['vɛkər] n. m. : réveil 12, 31; : réveille-matin n. m. inv. 12
Weg (e) [ve:k] n. m. : chemin 61
wehen ['ve:ən] v. : souffler 65
Weihnachten (-) ['vaɪnaxtən] n. nt. : Noël n. m. 90
weiß [vaɪs] adj. : blanc, blanche 29
weit [vaɪt] adj. : large 40
werfen* ['vɛrfən] v. : lancer* 87
Wettbewerb (e) ['vɛtbə,vɛrp] n. m. : concours 79
wetten ['vɛtən] v. : parier 52
Wetter (-) ['vɛtər] n. nt. : temps n. m. 67
Wetterhahn (¨e) ['vɛtər,ha:n] n. m. : girouette n. f. 68
Wettkämpfer (-), **in** (nen) ['vɛt,kɛmpfər] n. : athlète 84
wiegen* ['vi:gən] v. : peser 20
Wiese (n) ['vi:zə] n. f. : prairie 62
wild [vɪlt] adj. : sauvage 69
Wimper (n) ['vɪmpər] n. f. : cil n. m. 48
Wind (e) [vɪnt] n. m. : vent 65
Winter (-) ['vɪntər] n. m. : hiver 87
wirklich ['vɪrklɪç] adv. : vraiment 55, 77
Wirkung (en) ['vɪrkʊŋ] n. f. : influence 26
wissen* ['vɪsən] v. : savoir* 29, 41, 60
Woche (n) ['vɔxə] n. f. : semaine 28
wohnen ['vo:nən] v. : habiter 9
Wohnmobil (e) ['vo:nmo,bi:l] n. nt. : camping-car n. m. 74
Wohnung (en) ['vo:nʊŋ] n. f. : appartement n. m. 93
Wohnwagen (-) ['vo:n,va:gən] n. m. : caravane n. f. 74
Wohnzimmer (-) ['vo:n,tsɪmər] n. nt. : salle de séjour f. 11; salon 69, 93
Wolke (n) ['vɔlkə] n. f. : nuage n. m. 66
wollen* ['vɔlən] v. : vouloir* 20, 29, 53

Y

Yoghurt (s) ['jo:gʊrt] n. m. : yaourt 56

Z

Zahl (en) [tsa:l] n. f. : chiffre n. m. 28
zahlen ['tsa:lən] v. : payer* 21
Zahn (¨e) [tsa:n] n. m. : dent n. f. 15, 48
Zahnbürste (n) ['tsa:n,bʏrstə] n. f. : brosse à dents 15
Zahnpasta (ten) ['tsa:n,pasta] n. f. : dentifrice n. m. 15
sich die **Zähne putzen** [zɪçdi'tsɛ:nə,pʊtsən] : se brosser les dents 15
Zaun (¨e) [tsaʊn] n. m. : clôture n. f. 62
Zebra (s) ['tse:bra] n. nt. : zèbre n. m. 69, 76
Zebrastreifen (-) ['tse:bra,ʃtraɪfən] n. m. : passage pour piétons 23
Zehe (n) ['tse:ə] n. f. : doigt de pied m. 47
zeigen ['tsaɪgən] v. : montrer 72; indiquer 31
den Weg **zeigen** [den've:k,tsaɪgən] : montrer le chemin 18
Zeiger (-) ['tsaɪgər] n. m. : aiguille n. f. 31
Zeit (en) [tsaɪt] n. f. : heure 14
Zelt (e) [tsɛlt] n. nt. : tente n. f. 74
zelten ['tsɛltən] v. : faire* du camping 74
Ziege (n) ['tsi:gə] n. f. : chèvre 62
Ziel (n) [tsi:l] n. nt. : arrivée n. f. 84
Zirkus (sse) ['tsɪrkʊs] n. m. : cirque 93
Zoll (¨e) [tsɔl] n. m. : douane n. f. 72
Zollbeamte(r), tin (nen) ['tsɔlbə,ʔamtə] n. : douanier, ière 72
Zoo (s) ['tso:] n. m. : zoo 76
Zopf (¨e) [tsɔpf] n. m. : tresse n. f. 37
zornig ['tsɔrnɪç] adj. : en colère 57
zu [tsu:] adv. : trop 40, 42, 62, 85
Zucker (-) ['tsʊkər] n. m. : sucre 21, 55
Zuckerdose (n) ['tsʊkər,do:zə] n. f. : sucrier n. m. 55
zuerst [tsu'ʔɛrst] adv. : d'abord 92
zufrieden [tsu:'fri:dən] adj. : content 38
Zug (¨e) [tsu:k] n. m. : train 22
zuhören ['tsu:,hø:rən] v. : écouter 30
zumachen ['tsu:,maxən] v. : fermer 84
Zunge (n) ['tsʊŋə] n. f. : langue 48
zurückkommen* [tsu'rʏk,kɔmən] v. : revenir* 64
Zuschauer (-), **in** (nen) ['tsu,ʃaʊər] n. : spectateur, trice 80, 93
zweite(r, s) ['tsvaɪtə] adj. : deuxième 93
Zwiebel (n) ['tsvi:bəl] n. f. : oignon n. m. 52

Gedruckt in Spanien
bei Graficromo, S.A.- Córdoba